TRAITÉ

ET

FORMULAIRE

(EN REGARD)

DES TESTAMENTS

AUTHENTIQUES, MYSTIQUES ET OLOGRAPHES

ET

DES LEGS

SUIVANT UNE MÉTHODE ENTIÈREMENT NOUVELLE

PAR

A. DEFRÉNOIS

PRINCIPAL CLERC DE NOTAIRE A PARIS

Auteur du *Traité pratique et Formulaire général du Notariat*, et du *Répertoire général périodique* en matière de *Notariat*, de *Droit civil et fiscal* et de *Formules d'actes*

PRIX : 3 FRANCS

A PARIS

CHEZ L'AUTEUR, RUE DU COLISÉE, 52

—

1872

La méthode toute nouvelle employée pour cette publication a pour objet, suivant qu'on se met au point de vue de l'une ou de l'autre des parties dont l'ouvrage se compose : en ce qui concerne le *Traité*, de placer en regard de chacune des dispositions la formule qui en est l'application figurée ; et en ce qui concerne le *Formulaire*, de grouper en regard de chaque formule les explications théoriques sur la matière qui s'y rattache.

De cette manière, le *Traité* et le *Formulaire*, quoique formant deux ouvrages distincts, se lient étroitement, marchent, pour ainsi dire, en se donnant la main et se complètent l'un par l'autre.

Il a fallu des efforts immenses, un travail opiniâtre pour parvenir à cette juxtaposition exacte des formules et du droit ; toutefois, cela n'a aucunement nui au développement des principes ni à l'étendue des formules. Le *Traité*, qui forme un ouvrage complet, embrasse, résout, dans un ordre logique, toutes les questions qui sont susceptibles d'être agitées en matière de testaments, de legs, de substitutions, etc. Le *Formulaire*, de son côté, renferme les formules spéciales aux trois formes de testaments, authentique, mystique et olographe, et, en outre, les formules de toutes les dispositions susceptibles d'être insérées dans un testament.

Les citations des auteurs et des arrêts, placées au bas des pages afin de ne pas nuire à la clarté du texte, sont conformes au dernier état de la doctrine et de la jurisprudence. Le renvoi aux ouvrages de doctrine a lieu : pour ceux numérotés par tomes, au moyen de l'indication du volume et du numéro, ainsi, cette citation : Demolombe, 21, 17 ou XXI, 17, renvoie à Demolombe, *Traité des donations et des testaments*, tome 21, numéro 17 ; — pour les commentaires sans numérotage des tomes, par l'indication de l'article du Code et du numéro des explications placées à la suite de cet article, ainsi ces citations : Coin-Delisle, 968, 5 ; Marcadé, 993, 3, renvoient à Coin-Delisle, *Commentaire des donations et testaments*, article 968, n° 5 ; et à Marcadé, *Explications du Code civil*, article 993, n° 3 ; — pour les commentaires ayant un seul numérotage, par l'indication des numéros, ainsi la citation : Troplong, 1734, renvoie à Troplong, *Commentaire sur les donations*, n° 1734. — Les arrêts sont cités par leur date, sans l'indication des recueils de jurisprudence, ce qui aurait donné lieu à des longueurs considérables dans les notes sans grande utilité, les recueils de jurisprudence renfermant des tables avec lesquelles il est toujours aisé de trouver les arrêts. J'ai pourtant cité, en ce qui concerne les arrêts depuis 1866, mon *Répertoire général en matière de Notariat et de Droit civil et fiscal,* qui indique le renvoi aux recueils de jurisprudence.

Cette brochure, bien que son cadre semble restreint, renferme, à l'aide des combinaisons typographiques employées, la matière de près d'un volume in-octavo.

Juillet 1872.

DU TESTAMENT

ET

DES LEGS

CHAPITRE PREMIER

DU TESTAMENT

1. Le testament est un acte par lequel le testateur dispose, pour le temps où il n'existera plus, de tout ou partie de ses biens, et qu'il peut révoquer. (C. C. 895.)

2. Toute personne peut disposer par testament, soit sous le titre d'institution d'héritier, soit sous le titre de legs, soit sous toute autre dénomination propre à manifester sa volonté. (C. C. 967.)

3. Le testament doit être l'œuvre du testateur seul, l'expression de sa volonté pleine, entière et dégagée de toute idée de réciprocité ou de conformité, afin qu'il conserve librement la latitude de le révoquer; il s'ensuit qu'un testament, même olographe (1), ne peut être fait dans le même acte par deux ou plusieurs personnes, soit au profit d'un tiers, soit à titre de disposition réciproque et mutuelle (C. C. 968); toutefois, deux testaments faits en contemplation l'un de l'autre ne sont pas nuls (2), alors même que les deux testaments ont été écrits sur la même feuille de papier, l'un au recto, l'autre au verso (3).

4. Un testament peut être olographe, ou fait par acte public, ou dans la forme mystique (C. C. 969); et il est assujetti aux formalités tracées : pour le testament par acte public, *infra* n°s 6 à 61; — pour le testament mystique, *infra* n°s 62 à 94; — et pour le testament olographe, *infra* n°s 95 à 103. Ces formalités doivent être observées, à peine de nullité. (C. C. 1001.) — Le Français qui se trouve en pays étranger peut faire son testament, soit olographe, en se conformant à l'art. 790, soit par acte authentique, avec les formes usitées dans le lieu où cet acte est passé (4) [C. C. 999], soit par acte solennel

---

(1) Demolombe, 21,17; Coin-Delisle, 968,5; Bruxelles, 18 juillet 1822.

(2) Demolombe, 21,14; Coin-Delisle, 969,4; Zachar., § 431; Dict. not. *test.*, n° 116; Roll. de Vill., *test.*, n° 88; Cass., 24 août 1841, 2 mai 1842, 11 déc. 1867; Rép. Gén. Defrénois, n° 362.

(3) Demolombe, 21,18; Poitiers, 27 nov. 1850; Cass., 21 juillet 1851.

(4) V. Marcadé, 993,3; Troplong, 1731; Demolombe, 21,475; Rouen, 21 juill. 1840; Cass., 6 fév. 1843; Paris, 19 avril 1853, 28 janv. 1869; Rép. Gén. Defrénois, n° 383.

devant le chancelier de France dans l'étendue du consulat, en présence du consul et de deux témoins et signé d'eux (*Ordonn. sur la marine, août 1681, liv. 1er, titre II, art. 24*). — L'étranger pour lequel la loi nationale n'admet pas le testament olographe peut cependant l'employer valablement en France à l'égard des biens situés sur le territoire français (1).

5. Le testament doit être écrit ; en conséquence, les dispositions verbales, même au-dessous de 150 fr., ne peuvent être prouvées ni par témoins, ni par aucun autre genre de preuve (2) ; et le dépositaire d'un testament ne peut être admis à alléguer qu'il a reçu du testateur des instructions verbales pour ne les produire que dans un cas déterminé (3). Cependant, en vertu de l'art. 1348, on peut, dans le but de se faire allouer des dommages-intérêts, être admis à prouver que l'héritier du sang a empêché le défunt de tester (4) ; comme aussi on peut établir par tous les moyens de preuve la suppression ou destruction volontaire ou fortuite d'un testament olographe et les dispositions qu'il renfermait (5).

§ Ier. — DU TESTAMENT PAR ACTE PUBLIC

6. Le testament par acte public est celui qui est reçu, en minute (6), par deux notaires, en présence de deux témoins, ou par un notaire en présence de quatre témoins (C. C. 971) ; notaires et témoins qui doivent tous être continuellement présents pendant la durée de la confection du testament, à peine de nullité (7), tellement que si l'un d'eux a besoin de sortir un instant on doit suspendre pendant son absence (8) ; toutefois, le préambule ou intitulé du testament peut être écrit d'avance par le notaire (9).

7. De même que pour les actes ordinaires, le testament doit énoncer le nom et lieu de résidence du notaire ou des notaires, et leur qualité de notaire (10) ; et le notaire ne peut, à peine de nullité (11), recevoir un testament contenant un legs à son profit, ni lorsque le testateur ou l'un des légataires est son parent ou allié, en ligne directe à tous les degrés, et en ligne collatérale jusqu'aux degrés d'oncle ou de neveu inclusivement. Mais un notaire peut recevoir le testament fait par son parent collatéral au quatrième degré, ou contenant un legs en faveur de ce parent (12).

8. Les témoins appelés pour être présents aux testaments doivent, à peine de nullité, être mâles, majeurs, Français et jouir de leurs droits civils. (C. C. 980.) Jugé toutefois que si une erreur commune fait passer un étranger pour Français, les tribunaux peuvent prendre l'erreur en considération pour ne pas prononcer la nullité de l'acte (13).

Formule 1re

—

Cadre d'un testament par acte public

1° Un notaire et quatre témoins :

Par-devant Me Louis-Auguste Darblay, notaire à N...., département de.... soussigné.

En présence des témoins instrumentaires dont les noms suivent :

---

(1) Fœlix, *Droit intern.*, n° 53 ; Troplong, n° 1736 ; Demolombe, 21, 483 ; Paris, 21 juin 1856, 25 mai 1852 ; Cass., 9 mars 1853, 19 avril 1859 ; contra Marcadé, 999, 2 ; Demante, 4, 138 ; Saintespès, 1, 1278.

(2) Duranton, 9,11 ; Vazeille, 969,2 ; Marcadé, art. 969 ; Zach., § 416 ; Demolombe, 21,26 ; Cass., 18 janvier 1813 ; Paris, 20 janv. 1872 ; Rép. Gén. Defrénois, t. II.

(3) Caen, 19 nov. 1867 ; Rép. Gén. Defrénois, n° 363.

(4) Demolombe, 21,127 ; Grenier et Bayle-Mouillard, 2,147 ; Massé et Vergé sur Zach., § 416, note 7.

(5) Toullier, 9,218 ; Duranton, 9,48 ; Troplong, 1451 ; Demolombe, 21,32 à 95 ; Metz, 15 juill. 1813 ; Cass., 3 oct. 1816 ; Toulouse, 12 août 1862.

(6) Et non en brevet à peine de nullité. Grenier et Bayle-Mouillard, 1,277 ; Augan, 1, p. 429 ; Demante, 4, 116 bis ; Saintespès, 4,1030 ; Demolombe, 21,233 ; Duranton, 9,61 ; Poujol, 971,8 ; Coin-Delisle, 971,40 ; Troplong, n°s 1509 et 2114 ; Avis cons. d'État, 7 avril 1821 ; trib. Amicus, 29 nov. 1837, contra Merlin, Notaire, § 3, n° 6 ; Favard, note nov., § 3 : Toullier, 5,659 ; Massé, liv. Ier, chap. 26 ; trib. Clamecy, 14 juill. 1836.

(7) Troplong, n° 1522 ; Demolombe, 21,239,257 ; Riom, 13 août

1856 ; Cass., 27 avril 1857 ; Bordeaux, 8 mai 1860 ; Bourges, 9 janv. 1863.

(8) Demolombe, 21,239 ; Nancy, 24 juill. 1833 ; Bordeaux, 8 mai 1860 ; Dijon, 9 janv. 1863 ; Cass., 18 janv. 1864 ; Pau, 24 avril 1866.

(9) Duranton, 9,66 ; Coin-Delisle, 972,10 ; Marcadé, 972,2 ; Zach., § 439, note 25 ; Demolombe, 21,259 ; Angers, 16 juin 1836 ; Cass., 14 juill. 1837 et 4 mars 1840 ; Bordeaux, 6 août 1853 ; Montpellier, 24 juill. 1867 ; Rép. Gén. Defrénois, n° 364.

(10) Comp. Toullier, 8,284 ; Coin-Delisle, 971,19 ; Duranton, 9,60 ; Demolombe, 21,229.

(11) Toullier, 5,588 ; Demolombe, 21,173 ; Troplong, n°s 1517, 1616 ; Massé et Vergé, § 439, note 23 ; Dict. not. test., n° 177 ; Roll. test., n° 126 : Coin-Delisle, 971,8 ; Douai, 20 mars 1810 et 17 mars 1815 ; Lyon, 29 avril 1825 ; Cass., 20 juin 1827 ; Bourges, 30 juin 1828 ; Paris, 25 mai 1846 ; voir Cass., 15 déc. 1817.

(12) Demolombe, 21,215 ; Coin-Delisle, 975,11 ; Marcadé, 975,2 ; Riom, 3 déc. 1829 ; Douai, 23 janv. 1850 ; Grenoble, 11 fév. 1850.

(13) Demolombe, 21,220 ; Cass., 28 fév. 1821, 18 janv. 1830, 28 juin 1831, 24 janv. 1839, 4 fév. 1850.

9. L'étranger, même admis à la jouissance des droits civils, ne peut être témoin (1). En *Algérie*, la qualité de Français n'est pas exigée pour être témoin; il suffit d'être Européen. (*Arrêté min. guerre, 50 déc. 1842, art. 15.*)

10. De plus, et sous la même peine, ne peuvent être pris pour témoins :

1° Ceux qui n'ont pas la capacité physique, tels sont : les fous, les aveugles, les sourds, les idiots, les muets (2), les personnes en état d'ivresse (3), et aussi celles qui ne comprennent pas la langue dont le testateur se sert pour dicter son testament, *infra* n° 40;

2° Les clercs [même ceux non inscrits au registre de stage (4)] des notaires par lesquels les actes sont reçus (C. C. 975), ni, à plus forte raison, leurs domestiques (5); on ne considère pas comme clerc une personne ayant une profession déterminée, et qui, en dehors de son travail, emploie accidentellement une partie de son temps dans l'étude du notaire (6);

3° Les légataires, à quelque titre qu'ils le soient, ou leurs conjoints (7), ni leurs parents ou alliés jusqu'au quatrième degré inclusivement (C. C. 975), même quand l'époux qui produisait l'affinité est décédé sans postérité (8), et alors même que le legs est nul ou caduc (9). Il importe peu que le légataire ne soit pas nommé, par exemple lorsque le legs est fait en termes généraux à des filleuls (10), à des débiteurs (11); peu importe aussi que la disposition soit faite sous forme de reconnaissance de dette (12) ou de rémunération (13) ou comme charge d'un legs (14), ou comme délai accordé par le testateur à ses débiteurs, ou aux cautions de ceux-ci (15) pour se libérer après sa mort; ou sous toute autre forme, quelque modique que soit la disposition (16), ne fût-elle même que de l'obligation de garder un domestique pendant un temps ou de lui payer une somme déterminée (17).

11. Mais peuvent être témoins, bien qu'il soit préférable d'éviter leur témoignage afin de se mettre en garde contre toute idée de captation : 1° les marguilliers, administrateurs, maires, adjoints, etc., dans les testaments en faveur des églises, communes, hospices, etc.; 2° les ecclésiastiques dans les testaments

1° M. Honoré Amé, propriétaire;

2° M. Germain Blin, négociant;

3° M. Vincent Clerc, fabricant;

4° Et M. César Deblé, avocat,

Tous les quatre demeurant à N.....

Majeurs, Français, jouissant de leurs droits civils; et réunissant, pour être témoins au présent testament, les qualités voulues par les articles 975 et 980 du Code Civil, dont M. Darblay, notaire soussigné, a donné lecture à l'instant. Ainsi que l'ont affirmé les témoins susnommés et le testateur (*si le testateur les a choisis lui-même on ajoute :*) qui d'ailleurs les a choisis et appelés lui-même pour être témoins au présent testament.

2° Deux notaires et deux témoins :

Par-devant Mᵉ Louis-Auguste Darblay et Mᵉ Charles-

(1) Toullier et Duvergier, 5,395; Duranton, 9,105; Coin-Delisle, 975,7; Marcadé, 980,1; Grenier et Bayle-Mouillard, 1,247 *bis*; Troplong, n° 1674; Demolombe, 21,182; Zach., Massé et Vergé, § 439, note 9; Rennes, 11 août 1809; Colmar, 13 fév. 1818 et 26 déc. 1860; Toulouse, 10 mai 1826; Cass., 23 janv. 1811 et 23 avril 1828; contra Vazeille, 980,11; Turin, 10 avril 1809.

(2) Grenier, 2,234; Toullier, 5,392; Duranton, 9,104; Coin-Delisle, 980,23; contra Troplong, n° 1679; Demolombe, 21, 194.

(3) Demolombe, 21, 192 à 195 *bis*.

(4) Coin-Delisle, 980,34; Demolombe, 21,209; Bruxelles, 12 avril 1810; Rennes, 23 juin 1856; Cass., 25 janv. 1858.

(5) Grenier et Bayle-Mouillart, 1,233; Toullier, 5,402; Duranton, 9,115; Troplong, n° 1606; Dict. not., *témoin*, n° 112; contra Coin-Delisle, 980,38; Marcadé, 975,2; Demante, 4, 120 *bis*; Demolombe, 21,213; Cass., Belgique, 13 déc. 1867; Rép. Gén. Defrénois, n° 365.

(6) Demolombe, 21,209; Coin-Delisle, 980,34; Bruxelles, 20 mars 1811; Agen, 18 août 1824; Grenoble, 7 avril 1827; Colmar, 4 nov. 1857; Rennes, 20 nov. 1868; Rép. Gén. Defrénois, t. II. Voir cependant Bruxelles, 12 avril 1810; Paris, 13 mars 1832.

(7) Duranton, 9,114; Marcadé, 975,1; Massé et Vergé, § 439, note 18; Demolombe, 21,207.

(8) Demolombe, 21,208; Coin-Delisle, 780,33; Dijon, 6 janv. 1827; Nîmes, 28 janv. 1831; Cass., 6 juin 1834; Bordeaux, 14 mars 1843; Agen, 22 nov. 1853; Bourges, 10 août 1857; Montpellier, 17 avril 1863; Caen, 14 août 1867; Cass., 4 nov. 1868; Rép. Gén. Defrénois, n° 366; contra Duranton, 3,458; Paris, 12 mars 1830.

(9) Troplong, 1608; Demolombe, 21,210; Douai, 15 janv. 1834; Bordeaux, 3 avril 1841.

(10) Voir cependant Zach., § 439, note 17; Cass., 31 juillet 1834, 25 déc. 1847, 18 juin 1866.

(11) Riom, 27 juil. 1828.

(12) Troplong, n° 1608; Demolombe, 21,201; Roll., *témoin*, n° 67; Bordeaux, 3 avril 1841.

(13) Coin-Delisle, 980,31; Demolombe, 21,201; Agen, 5 juin 1816; contra, Lyon, 28 décembre 1855.

(14) Duranton, 9,118; Dict. not., *témoin*, n° 99; Roll., *ibid.*, n° 74; Zach., § 439, note 15; Demolombe, 21,202; Metz, 10 mars 1832.

(15) Riom, 23 mai 1855.

(16) Coin-Delisle, 980,34; Marcadé, 975,1; Troplong, n° 1599; Demolombe, 21,200; Riom, 19 fév. 1845; Cass., 13 janv. 1835, 13 nov. 1847.

(17) Cass., 14 août 1851; voir aussi Cass., 10 août 1853.

en faveur de la paroisse à laquelle ils sont attachés, même lorsque, à raison de leurs fonctions, ils doivent en profiter (1);
3° l'exécuteur testamentaire lorsqu'il n'est pas gratifié (2).

12. L'incapacité de l'un des témoins est une cause de nullité
du testament tout entier (3). Si, en raison de cette incapacité, un
testament se trouve annulé, le notaire rédacteur en est responsable (4), même lorsque les témoins ont été choisis par le testateur (5). Mais, dans ce dernier cas, si le testateur et les témoins
lui affirment, sur son interpellation, que les personnes présentées
par le testateur réunissent les qualités voulues par la loi pour être
témoins aux testaments, et qu'il en fasse mention, sa responsabilité ne serait pas engagée (6). Jugé, à cet égard, que si un
témoin, sur l'interpellation à lui faite, a affirmé être Français et
réunir les qualités voulues pour être témoin, et que le testament
soit ensuite annulé par le motif qu'il est étranger, ce témoin est
responsable vis-à-vis du légataire du préjudice que lui cause la
nullité du testament (7).

13. En principe, les témoins instrumentaires doivent être
choisis par le notaire, puisque c'est par eux qu'il se complète pour
instrumenter. Mais en ce qui concerne les testaments, on enseigne
généralement qu'ils peuvent être choisis par le testateur (8).

14. Les dispositions rapportées, *supra* nos 6 et suiv., déro-
gent à la loi de ventôse, en ce qui concerne la capacité des témoins. En conséquence (bien que cependant il soit préférable de
se conformer strictement à cette loi), peuvent être témoins aux
testaments : les parents, alliés et serviteurs du testateur (9), les
parents et alliés du notaire (10), les serviteurs des légataires (11),
et il n'est pas nécessaire que les témoins soient domiciliés dans
l'arrondissement communal où le testament est passé (12). Mais
les noms, prénoms et domiciles des témoins doivent être mentionnés (13). Quant aux témoins appelés à certifier l'identité du testateur lorsqu'il n'est pas connu du notaire, leurs conditions de capacité sont celles requises pour les actes ordinaires (14).

15. Si le nombre des témoins est supérieur à celui prescrit
par la loi, cette circonstance ne vicie aucunement le testament,
quand même quelques-uns des témoins seraient incapables, pourvu
qu'il en reste un nombre suffisant de capables (15).

Théodore MESNIL, tous les
deux notaires à N...., département de...., soussi-
gnés.

En présence des témoins
instrumentaires dont les
noms suivent :

1° M. Honoré ABÉ, pro-
priétaire;

2° M. Germain BLIN, mar-
chand;

Tous les deux demeurant
à N....

Majeurs, Français, jouis-
sant de leurs droits civils;
et réunissant, pour être témoins au présent testa-
ment, les qualités voulues
par les articles 975 et 980
du Code Civil dont Me DAR-
BLAY, notaire soussigné, a
donné lecture à l'instant.
Ainsi que l'ont affirmé les
témoins susnommés et le
testateur (*si le testateur les a
choisis lui-même on ajoute:*)
qui d'ailleurs les a choisis et
appelés lui-même pour être
témoins au présent testa-
ment.

---

(1) Marcadé, 975,1; Troplong, 1600; Demolombe, 21,202;
Liége, 23 juill. 1806; Angers, 13 août 1807; Cass., 11 sept. 1809.

(2) Toullier, 5,401; Grenier, 1,254; Coin-Delisle, 980,32;
Troplong, n° 1604; Dict not., *témoin*, n° 116; Duranton, 9,395;
Demolombe, 21,206.

(3) Demante, 4, 120 *bis*; Demolombe, 21,221.

(4) Bordeaux, 14 mars 1833; Paris, 27 fév. 1835; Douai, 12
juill. 1838 et 2 juill. 1851; Lyon, 3 janv. 1842 et 16 janv. 1846;
Nîmes, 17 janv. et 7 nov. 1848; Agen, 22 nov. 1853; Cass., 15
janv. 1835 et 7 juill. 1847; Bruxelles, 11 fév. 1868; Chambéry,
12 fév. 1870; Rép. Gén. Defrénois, n° 367.

(5) Cass., 6 fév. 1872; Rép. Gén. Defrénois, t. II.

(6) Jur. not. de Roll. de Vill., art. 7449; Metz, 30 avril 1833
et 23 mars 1852; Toulouse, 23 juill. 1838; Nîmes, 13 nov. 1856;
Nancy, 7 mars 1857; Lyon, 12 juin 1857; Colmar, 26 déc 1860.

(7) Colmar, 26 déc. 1860.

(8) Grenier, n° 247; Troplong, n° 1669; Demolombe, 21,222.

(9) Demante, 4, 120 *bis*; Demolombe, 21,211; Coin-Delisle.
980,36; Duranton, 9,413; Grenier, 1,253; Toullier, 5,402;
Zach., § 439, note 21; Dict. not., *témoin*, n° 109; Roll., témoin, n° 161; Marcadé, 975,2; Troplong, n° 1603; Cass., 3
août 1841.

(10) Demante, 4, 120 *bis*; Demolombe, 21,213; Coin-Delisle,
975,36; Marcadé, 975,3; Troplong, n° 1605; Zach., Massé et
Vergé, § 439, note 21; CONTRA Duranton, 9,115; Grenier, 1,253;
Toullier, 5,402; Poujol, 974,14; Roll., *témoin*, n° 59; Dict. not.
témoin, n° 111.

(11) Demolombe, 21,214; Coin-Delisle, 980,37; Marcadé, 975,3;
Troplong, n° 1604; Dict. not., *témoin*, n° 109; CONTRA Duranton, 9,115; Poujol, 974,14; Roll., *témoin*, n° 60.

(12) Demolombe, 21,188; Poujol, 974.7; Duranton, 9,112; Coin-
Delisle. 980,19; Troplong, n° 1681; Marcadé, 980,4; Massé et
Vergé, § 439, note 9; Dict. not., *témoin*, n° 88; Roll., *témoin*,
n° 56; Bruxelles, 13 déc. 1808 et 19 fév. 1819; Limoges, 7 déc.
1809; Douai, 27 avril 1812; Caen, 19 août 1812; Paris, 18 avril
1814; Rouen, 16 nov. 1818 et 13 mars 1840; Bordeaux. 17 mai
1821 et 18 août 1823; Orléans, 11 août 1823; Cass., 17 août
1824, 10 mai 1825, 4 janv. 1826, 3 août 1841; CONTRA Toullier,
5,397; Bruxelles, 13 avril 1811; Bordeaux, 6 déc. 1834.

(13) Troplong, 1680; Demante, 4, 116 *bis* 2°; Toullier, 5,397;
Demolombe, 21,189; Cass., 4 janv. 1826, 3 juil. 1828.

(14) Demante, 4, 125 *bis* 4°; Demolombe, 24,190.

(15) Coin-Delisle, 972,49 et 980,42; Demolombe, 21,223,225;
Dict. not. test., n° 216; Cass., 6 avril 1809.

16. La capacité de tester étant de droit commun, toutes personnes peuvent disposer par testament, excepté celles que la loi en déclare incapables. (C. C. 902.) La capacité est requise à l'époque de la confection du testament (1), et aussi à l'époque du décès du testateur, en cas de condamnation à une peine afflictive perpétuelle. (*Loi 31 mai 1854, art. 3.*)

17. Sont incapables de disposer par testament :

1° Celui qui n'est pas sain d'esprit (C. C. 904), c'est-à-dire, qui est en état d'imbécillité, de démence, de fureur (C. C. 489), de délire (2), de monomanie (3), d'ivresse (4), ou sous l'empire d'une passion violente, qui lui a troublé momentanément les facultés mentales (5). C'est aux tribunaux qu'il appartient d'apprécier l'insanité d'esprit ; il peut être décidé qu'elle ne résulte pas suffisamment de l'abus de liqueurs alcooliques, d'une attaque d'apoplexie, de défaillance de mémoire, d'un léger affaiblissement d'esprit, d'un caractère faible et bizarre (6) ; ni de la colère ou de la haine, dont le disposant est animé envers ses successeurs, à moins de dol et de fraude de la part du gratifié ; par exemple, s'il l'a excité au moyen de manœuvres perfides ou d'insinuations calomnieuses (7). En outre, et encore bien que le testateur soit dans un état habituel de démence, le testament peut cependant être déclaré valable si le légataire prouve (8) qu'il a testé pendant un intervalle lucide (9) ;

2° Celui qui est sous la pression de suggestion ou de captation ; mais seulement lorsque le dol ou les menées artificieuses s'y trouvent réunies (10) ; mais quand certaines dispositions du testament sont annulées pour cette cause, elles ne font pas obstacle à la validité de celles qui y sont étrangères (11) ;

3° Le mineur âgé de moins de seize ans accompli (C. C. 903), *infra* n° 21 ;

4° Le condamné à une peine afflictive perpétuelle, à moins que le gouvernement ne l'ait relevé de l'incapacité (*Loi 31 mai 1854, art. 3.*) ; quant au condamné à temps à une peine afflictive ou infamante, il est capable de tester (12) ;

5° L'interdit ; toutefois, suivant quelques auteurs, le testament peut être déclaré valable si le légataire apporte la preuve que l'interdit l'a fait pendant un intervalle lucide (13). Quant au pourvu d'un conseil judiciaire, il est capable de tester si, d'ailleurs, il est sain d'esprit (14) ;

3° Comparution du testateur :

A COMPARU :

M. Louis Théodore GALLEY, propriétaire, colonel de cavalerie en retraite, officier de la Légion d'honneur, demeurant à N..., rue... n°...

« Mondit sieur GALLEY « étant sain d'esprit, ainsi « qu'il est apparu au notaire « et aux témoins. »

Si le testateur est malade :

« Mondit sieur GALLEY, « malade de corps, mais « étant sain d'esprit, ainsi « qu'il est apparu au notaire et aux témoins. »

Si le testateur, en état habituel de démence ou interdit, est dans un intervalle lucide, et que le notaire juge possible la réception du testament :

« Mondit sieur GALLEY, « habituellement en état de « démence (ou interdit pour

---

(1) Coin-Delisle, 902,3 ; Zach., § 449 ; Troplong, n° 430 ; Demante, 4,36 ; Grenier et Bayle-Mouillard, 1,139 ; Demolombe, 18,744 ; Cass., 30 août 1820 et 26 nov. 1856.

(2) Coin-Delisle, 904,3 ; Demolombe, 18,343.

(3) Troplong, n°ˢ 454, 457 ; Bordeaux, 1ᵉʳ avril 1836 et 27 mai 1852. Voir cependant Demolombe, 18,339,340.

(4) Duranton, 8,153 ; Duvergier sur Toullier, 3,159 ; Coin-Delisle, 904,3 ; Demante, 4,17 *bis* ; Troplong, n° 306 ; Demolombe, 18,544 ; Rennes, 10 avril 1812 ; Caen, 9 janv. 1823.

(5) Coin-Delisle, 904,4 ; Demolombe, 18,343 ; Liége, 12 fév. 1842. Voir Paris, 9 fév. 1867.

(6) Demolombe, 18,353 ; Rennes, 25 juil. 1867 ; Seine, 7 janv. 1868 ; Cass., 12 fév. 1868 ; Rép. Gén. Defrénois, n° 368.

(7) Toullier et Duvergier, 5,717 ; Grenier, 1,146 ; Coin-Delisle, 901,15 ; Marcadé, 904,4 ; Saintespès, 1,148 ; Demante, 4, 17 *bis* ; Demolombe, 18, 347,348 ; Aix, 18 janv. 1808 ; Lyon, 25 juin 1846 ; Angers, 27 août 1824, CONTRA Troplong, n° 479 ; Limoges, 31 août 1840.

(8) Coin-Delisle, 901, 9, 10 ; Marcadé, 901, 3 ; Zach., § 417, note 4 ; Demolombe, 18, 362 ; Caen, 20 nov. 1826.

(9) Troplong, n°ˢ 458 à 460 ; Coin-Delisle, 904,9 ; Marcadé, 904,1 ; Demolombe, 18, 337 et s. ; Caen, 26 mars 1822 ; 20 nov. 1826, 26 fév. 1838, 26 juill. 1842 ; Bordeaux, 14 avril 1836.

(10) Duranton, 8,161 ; Toullier, 5,713 ; Vazeille, 904,12 ; Coin-Delisle, 901,16 ; Marcadé, 901,4 ; Demante, 4, 17 *bis* ; Demolombe, 18,386 ; Paris, 31 janv. 1814 ; Cass., 6 janv. 1814, 18 mai 1825, 14 nov. 1834, 22 déc. 1841 ; Agen, 7 mai 1851 ; Angers, 1ᵉʳ août 1851 ; Cass., 31 juil. 1868 ; Rép. Gén. Defrénois, n° 369.

(11) Cass. 17 juil. 1874 ; Rép. Gén. Defrénois, t. II.

(12) Chauveau et Elie, C. pén., I, p. 211 ; Ortolan, droit pén., n° 1557 ; Demolombe, 4,142 et 18,462 ; Bayle-Mouillard, 1,143 ; Rouen, 28 déc. 1822 ; Nimes, 16 juin 1835 ; Colmar, 1ᵉʳ avril 1846, CONTRA Carnot, art. 29, C. pén. ; Duranton, 8,181 ; Coin-Delisle, 932,5 ; Duvergier, *vente*, 1, p. 211.

(13) Coin-Delisle, 901,10 ; Demolombe, 8,633 et 18,374 ; Valette, *explic. somm.*, p. 363, 364, CONTRA Troplong, n°ˢ 461, 462 ; Saintespès, 1,149 ; Demante, 4, 17 *bis* ; Toullier, 5,57 ; Duranton, 9,163 ; Vazeille, 904,5 ; Marcadé, 904,2.

(14) Duranton, 3,801 ; Demolombe, 18,373 ; Coin-Delisle, 904,11 ; Marcadé, 513,1 ; Troplong, 465,522 ; Lyon, 21 août 1825 ; Cass., 24 fév. 1849.

6° Les religieuses en faveur de l'établissement dont elles font partie, ou des membres de cet établissement, au-delà du quart de leurs biens, à moins que le legs n'excède pas dix mille francs ou que la légataire ne soit héritière en ligne directe de la testatrice. (*Loi 24 mai 1825, art. 5.*)

7° L'individu complétement sourd et illettré, *infra* n° 56; en outre, les sourds-muets, les muets ne pouvant dicter sont incapables de disposer par testament public (1), mais ils peuvent faire un testament olographe ou mystique (2).

18. Le notaire doit avoir soin de ne laisser personne, autre que le testateur et les témoins, dans l'endroit où il procède; cependant la présence du légataire ne serait pas une cause de nullité (3).

19. Le notaire est obligé, à un certain point de vue, d'apprécier l'état mental du disposant : — s'il reconnaît qu'il n'est pas sain d'esprit, il doit refuser son ministère (4); — s'il a des doutes sur le véritable état des facultés intellectuelles du disposant, il doit recevoir l'acte, mais en s'abstenant de parler de la sanité d'esprit; — enfin, si le disposant lui paraît certainement sain d'esprit, il peut déclarer qu'il l'a effectivement trouvé tel (5); par là il constate seulement sa propre appréciation. En effet, il n'est pas juge de la capacité du testateur; et la preuve contraire peut être faite sans qu'il soit nécessaire de s'inscrire en faux (6). Cependant la voie de l'inscription de faux serait permise contre l'énonciation du notaire que le testateur a dicté le testament, si on offrait de prouver, en vue d'établir son imbécillité ou son insanité d'esprit, qu'il ne pouvait articuler des mots qui fussent entendus (7).

20. Comme conséquence du principe établi, *supra* n° 3, la femme mariée n'a besoin ni du consentement de son mari ni de l'autorisation de justice pour disposer par testament. (C. C., 226, 905.)

21. Le mineur âgé de moins de seize ans, émancipé ou non, ne peut tester; quant au mineur parvenu à l'âge de seize ans révolus (8), qu'il soit émancipé ou non (9), il ne peut disposer que par testament (authentique, olographe ou mystique), et dans cette forme il ne peut disposer, même en faveur de son conjoint (10), que jusqu'à concurrence seulement de la moitié des biens dont la loi permet au majeur de disposer. (C. C. 904.) Peu importe, dans tous les cas, qu'il décède ensuite après son âge de majorité, la disposition ne devant produire son effet qu'à raison de la capacité au jour du testament (11).

« cause de démence, suivant jugement rendu par « le tribunal civil de....., « le...); mais ayant en ce « moment toute sa lucidité « d'esprit, et conséquem-« ment étant sain d'es-« prit, ainsi qu'il est ap-« paru au notaire et aux « témoins. »

4° *Religieuse.*

Mme Louise-Lucile SENEY, en religion sœur *Sainte-Thérèse*, religieuse au couvent de la Providence à N.., où elle demeure.

« Madite dame SENEY, « malade de corps, mais « étant saine d'esprit, ainsi « qu'il est apparu au notaire « et aux témoins. »

5° *Femme mariée.*

Mme Julie LABBÉ, épouse de M. Jean FLEURY, demeurant à...

6° *Mineur âgé de plus de seize ans.*

M. Joseph-Désiré LUBIN, étudiant en droit, domicilié à N...., chez M. Vincent MELIN, son oncle et tuteur,

---

(1) Grenier, 1,283; Duranton, 9,69; Solon null., 1,53; Coin-Delisle, 979,7; Troplong, n°s 537, 4449; Massé et Vergé, § 436, note 1; Demolombe, 21,168; Cass., 10 avril 1854.

(2) Grenier, 1,284; Demolombe, 21, 71 *bis*; Roll. *test.* n°s 35, 36; Coin-Delisle, 979,2; Troplong, n°s 537, 4449; Duranton, 9,434; Saintespès, 4,467; Massé et Vergé, § 417, note 11; Colmar, 17 janv. 1815; Bordeaux, 16 août 1836; Rouen, 26 mai 1851; Pau, 23 déc. 1851.

(3) Coin-Delisle, 972,12; Demolombe, 21,224; Rouen, 17 août 1859.

(4) Demolombe, 18,367; Bordeaux, 5 août 1841; Douai, 5 mai 1851. Voir Cass., 2 juil. 1866.

(5) Grenier, 1,103; Coin-Delisle, 901,19; Zach., § 417, note 7; Demolombe, 18,367.

(6) Toullier, 8,145; Grenier, 1,102; Duranton, 8,157; Coin-Delisle, 901,19; Marcadé, 901,3 et art. 1319; Bonnier, Preuves, n° 301; Troplong, n° 472; Massé et Vergé, § 417, note 7; Demolombe, 18,365; Roll., *acte authent.*, n° 66; Cass., 22 nov. 1810. 18 juin 1816, 27 fév. 1821; Caen, 19 janv. 1824; Bordeaux, 5 août

1844; Bourges, 26 fév. 1855; Lyon, 29 juil. 1874; Rép. Gén. Defrénois, t. II.

(7) Larombière, 1319,7; Cass., 1er déc. 1851.

(8) Marcadé, 904,1; Troplong, n° 589; Duranton, 8,186; Coin-Delisle, 903,5; Bayle-Mouillard, 4,108; Saintespès, 4,477; Zach., § 417, note 17; Demolombe, 18,408; Cass., 19 janv. 1810.

(9) Duranton, 8,482; Grenier, 2,461; Troplong, n° 590; Coin-Delisle, 903,34; Zach., Massé et Vergé, § 417, note 15; Marcadé, 903,3; Demolombe, 18,440; Paris, 11 déc. 1812; Limoges, 45 janv. 1822; Caen, 18 août 1838; CONTRA Toullier, 4, p. 27; Saintespès, 4,473.

(10) Toullier, 3,925; Duranton, 18,187; Grenier, 1,461; Troplong, 2,590; Coin-Delisle, 904,7; Massé et Vergé, § 417, note 19; Demolombe, 18,421; Paris, Limoges, Caen, cités ci-voir 2; CONTRA Saintespès, 4,478.

(11) Toullier, 5,88; Duranton, 8,175,188; Vazeille, 903,2; Demante, 4, 22 bis; Saintespès, 1,179; Coin-Delisle, 904,11; Bayle-Mouillard, 1,584; Marcadé, 904,1; Zach., Massé et Vergé, § 419; Demolombe, 18,425; Troplong, n° 591; Dict. not. *test.* n° 56; Orléans, 7 avril 1848; Cass., 30 août 1820.

22. Le mineur, quoique parvenu à l'âge de seize ans, ne peut, même par testament, disposer, soit directement, soit au moyen d'un acte onéreux ou d'une personne interposée, au profit de son tuteur (C. C. 907), cotuteur (1), tuteur officieux, protuteur (2), tuteur de fait (3) ; — et si, étant âgé de plus de seize ans, il a disposé en faveur de celui qui depuis est devenu son tuteur, le legs est également nul (4).

23. Le mineur parvenu à sa majorité ne peut non plus disposer par donation entre-vifs ou testament au profit de son ex-tuteur, ex-cotuteur, etc., si le compte définitif de la tutelle n'a été préalablement rendu et apuré (C. C. 907), que le reliquat soit ou non payé (5), ou si la prescription de dix ans résultant de l'art. 475 ne s'est trouvée préalablement accomplie (6).

24. Dans les cas des deux numéros qui précèdent, il y a exception pour les ascendants des mineurs, qui sont ou ont été leurs tuteurs. (C. C. 907.)

25. L'incapacité résultant de l'art. 907 est spéciale au tuteur du mineur ; elle ne s'étend pas, après son décès, à ses héritiers (7), et elle ne s'applique pas au tuteur de l'ex-interdit (8). Elle ne s'applique pas non plus au tuteur *ad hoc* (9), ni au subrogé-tuteur, ni au curateur (10), ni à l'ex-tuteur qui a cessé ses fonctions, soit parce qu'il s'est fait excuser et a été remplacé, soit parce que le mineur a été émancipé, si d'ailleurs le compte de tutelle a été rendu et apuré (11), et que le tuteur ne se soit pas fait remplacer ou n'ait pas fait émanciper le mineur dans le but de le faire disposer en sa faveur (12).

26. Le testament doit être dicté par le testateur, en présence des témoins, au notaire s'il est reçu par un notaire et quatre témoins, et aux notaires s'il est reçu par deux notaires et deux témoins ; il doit être fait mention de cette dictée (13). (C. N. 912.)

27. Le testament doit, à peine de nullité, être écrit sous la dictée du testateur. En conséquence seraient nuls : le testament rédigé après coup sur les instructions reçues par le notaire (14) ; — celui écrit dans un appartement séparé de celui du testateur après avoir reçu ses instructions (15) ; — celui dans lequel le notaire aurait procédé par interrogation (16). Cependant, le notaire peut, au fur

résidant de fait à Paris, rue.... n°....

« Mineur âgé de plus de « seize ans, étant né à « N..., département de... « le.... ainsi qu'il le dé- « clare.

« Mondit sieur LUBIN « étant sain d'esprit, ainsi « qu'il est apparu au no- « taire et aux témoins. »

7° *Femme mariée mineure.*

Mme Fanny COLLET, épouse de M. Henry PELEY, négociant, avec lequel elle demeure à...

« Ladite dame mineure, « âgée de plus de seize ans, « étant née à... le..., « ainsi qu'elle déclare. »

8° *Dictée à un seul notaire.*

Lequel a dicté à Me DARBLAY, notaire soussigné, en présence des quatre témoins ci-dessus nommés, son testament ainsi qu'il suit.

---

(1) Vazeille, 907,6 ; Marcadé, 907,1 ; Coin-Delisle, 907-10 ; Zach., § 116, note 7 ; Roll., *don.*, n° 34 ; Troplong, n°s 625 et 626 ; Demolombe, 18,485 ; Metz, 18 janv. 1821 ; Limoges, 14 mars 1822 ; Cass., 14 oct. 1836 ; Montpellier, 21 déc. 1837. Voir Cass., 11 mai 1864.

(2) Coin-Delisle, 907,10 ; Marcadé, 907,1 ; Demolombe, 18,485 ; Cass., 27 nov. 1848.

(3) C'est-à-dire à celui qui, sans être tuteur, a géré comme s'il l'était : Vazeille, 907,6 ; Duvergier sur Toullier, 5,65 ; Troplong, n° 625 ; Bayle-Mouillard, 1,122 ; Saintespès, 1,214 ; Demolombe, 18,485 ; Metz, 18 janv. 1821 ; Cass., 14 nov. 1836 ; Montpellier, 21 déc. 1837.

(4) Coin-Delisle, 902,8 ; Bayle-Mouillard, 1,141 ; Demolombe, 18,726 ; CONTRA Demante, 4,39 *bis.*

(5) Toullier, 5,65 ; Troplong, n° 622 ; Duranton, 8,199 ; Coin-Delisle, 907,13 ; Massé et Vergé, § 418, note 19 ; Demante, 4,27 *bis* ; Demolombe, 18,482.

(6) Toullier, 5,63 ; Grenier, 1,119 ; Duranton, 8,199 ; Coin-Delisle, 907,13 ; Demante, 4,27 *bis* ; Demolombe, 18,480 ; Marcadé, 907,2 ; Troplong, n° 623 ; Colmar, 19 janv. 1842.

(7) Grenier et Bayle-Mouillard, 1,121 ; Demolombe, 18,497 ; Dict. not., *don.*, n° 189.

(8) Marcadé, 907,5 ; Demante, 4,27 ; Dalloz, *disp. entre-vifs*, n° 355 ; Demolombe, 18,488 ; CONTRA Coin-Delisle, 907, 12 ;

Guillion, n° 79 ; Roll., *don.*, n° 133 ; Taulier, 4, p. 30 ; Reunes, 11 août 1838.

(9) Coin-Delisle, 907,10 ; Marcadé, 907,1 ; Demante, 4, 27 *bis* ; Troplong, n° 624 ; Demolombe, 18,489 ; CONTRA Massé et Vergé, § 224, note 5.

(10) Marcadé, 907,1 ; Coin-Delisle, 907,9 ; Demolombe, 18,490.

(11) Marcadé, 907,2 ; Coin-Delisle, 907,13, note ; Massé et Vergé, § 418, note 18 ; Demolombe, 18,476 ; Troplong, n° 624 ; Aix, 14 mai 1860 ; CONTRA Roll., *don.* n° 132 ; Bayle-Mouillard, 118 ; Saintespès, 1,209 ; Bruxelles, 14 déc. 1814 ; Metz, 18 janv. 1821.

(12) Coin-Delisle, 907,5 ; Demolombe, 18,478.

(13) Voir Cass., 3 janv. 1871 ; Rép. Gén. Defrénois, t. ii.

(14) Marcadé, 972, 1 ; Coin-Delisle, 972,5 ; Demolombe, 21,265 ; Orléans, 20 fév. 1833 ; Cass., 12 août 1834.

(15) Marcadé, 972,1 ; Coin-Delisle, 972,5 ; Demolombe, 21,265 ; Dict. not. *test.*, n° 230 ; Cass., 20 janv. 1840 ; Bordeaux, 8 mai 1860. Voir Cass., 19 mars 1861.

(16) Toullier, 5,410 ; Duranton, 9,69 ; Coin-Delisle, 972,4 ; Massé et Vergé, § 439, note 25 ; Dict. not. *test.*, n° 120 ; Marcadé, 972,1 ; Roll., *test.*, n°s 90 et 152 ; Troplong, n° 1521 ; Demolombe, 21,245 ; Nancy, 24 juill. 1833 ; Pau, 23 déc. 1836 ; Cass., 12 mars 1838 ; Bordeaux, 9 mars 1859.

et à mesure de la dictée, provoquer de la part du testateur des explications sur l'étendue et les conséquences des dispositions; par exemple, en interrogeant le testateur sur le point de savoir s'il entend ou non assurer aux légataires des garanties pour le payement de leurs legs; s'il a fait d'autres testaments, s'il les maintient ou les révoque (1).

28. Le notaire peut écrire la dictée sur un brouillon, et le transcrire ensuite sur son acte (2), et le testateur peut s'aider dans sa dictée de notes préparées à l'avance, soit par lui-même, soit par un tiers (3), pourvu, dans ce cas, qu'il y ait bien dicté; car si le notaire copiait seulement sur les notes ou sur un projet, le testament serait nul (4).

29. Toutes personnes peuvent recevoir par testament, excepté celles que la loi en déclare incapables. (C. C. 902.)

30. Sont incapables de recevoir par testament : 1° ceux qui ne sont pas conçus à l'époque du décès du testateur (C. C. 906), même lorsque le legs est conditionnel ou soumis à une condition suspensive (5) [voir cependant *infra* n° 164] ; 2° ceux qui, bien que conçus à l'époque du décès du testateur, ne naissent pas viables (C. C. 906); 3° toutes les autres personnes incapables de recevoir en vertu des articles 908 et 909 du code civil.

31. Il suffit que le légataire soit nommé de manière à pouvoir être connu (6), peu importe qu'il ne soit indiqué que sous son prénom, ou avec sa qualification seulement, ou par un surnom (7). Cependant il est toujours préférable de bien le désigner, de manière à ne pas laisser place au doute, jugé à cet égard que la preuve testimoniale n'est pas admissible pour établir que le testateur a voulu instituer, non la personne indiquée par ses nom et prénoms, mais un autre parent portant le même nom, et auquel il aurait cru, par erreur, que le prénom indiqué appartenait (8).

32. Si le testateur, lors de son testament, était sous l'impression d'une erreur de fait; par exemple, s'il énonce que le legs a pour motif la non existence d'héritier, et que néanmoins il laisse à son décès des parents au degré successible dont il ignorait l'existence, la libéralité peut être déclarée nulle comme fondée sur une fausse cause (9).

33. Le legs doit, à peine de nullité, être fait à une personne certaine dont la capacité puisse être vérifiée. Ainsi, est nul le legs à une personne désignée pour être employée par elle, suivant les intentions du testateur dont il lui a confié le secret (10). Il en est de même de la disposition portant que l'exécuteur testamentaire fera emploi des biens en œuvres pies et services religieux (11).

9° *Dictée à deux notaires.*

Lequel a dicté à Mᵉ DARBLAY, et Mᵉ MESNIL, notaires soussignés, en présence des deux témoins ci-dessus nommés, son testament ainsi qu'il suit.

10° *Légataire.*

Je lègue à M. Louis-Germain LALLIER, mon neveu, étudiant en médecine, demeurant à... rue... n°...

Placer ici les dispositions testamentaires qui font l'objet du testament. Voir à ce sujet les formules ci-après, suivant la nature des dispositions :

Legs universels, formules 5ᵉ.

Legs à titre universel, formules 6ᵉ.

Legs particuliers, formules 7ᵉ.

Legs par préciput et hors part, formules 8ᵉ.

Legs conditionnels, formules 9ᵉ.

Legs avec accroissement, formules 10ᵉ.

Legs avec substitution, formules 11ᵉ à 18ᵉ.

Clause pénale, formule 19ᵉ.

Exécuteurs testamentaires, formules 25ᵉ.

Révocations de testaments, formules 21ᵉ.

---

(1) Coin-Delisle, 972,9; Rouen. 17 août 1859; Cass., 19 mars 1861. Voir Demolombe, 21,247; Cass., 13 janv. 1866.

(2) Saintespès, 3,1047; Demolombe, 21,254; Rennes, 20 nov. 1847; Paris, 2 fév. 1837; Rouen, 17 août 1859; Cass., 12 mars 1838, 14 juin 1849, 19 mars 1861.

(3) Toullier, 5,347; Grenier, 1,244; Duranton, 9.8; Coin-Delisle, 972,12; Demolombe, 21,249; Cass., 14 juin 1837.

(4) Duranton, 9,69; Coin-Delisle, 972,5; Massé et Vergé, (439, note 25; Demolombe, 21,248; Poitiers, 30 juin 1836; Lyon, 4 juill. 1846; Cass., 27 avril 1857.

(5) Toullier, 5, 92; Troplong, n° 607; Demante, 4, 38 *bis*; Demolombe, 18, 380, 381; Coin-Delisle, 906,4.

(6) Le legs fait à des neveux doit aussi s'entendre des nièces, surtout si le testateur a ajouté : *Mes héritiers naturels.* Bordeaux, 14 juin 1859.

(7) Coin-Deilsle, 1024,9; Demolombe, 21,38; Metz, 21 mars 1822; Lyon, 19 avril 1861.

(8) Paris, 26 mars 1862; Cass., 23 fév., 1863.

(9) Paris, 9 fév. 1868; Rép. Gén. Defrénois. n° 374.

(10) Toullier, 5.351 et 606 ; Vazeille, 907.8; Duranton, 9,408 ; Bayle-Mouillard, 1,130; Troplong, n°s 549, 555; Demante, 4,26 *bis*; Zachariæ, Massé et Vergé, (418, note 8; Demolombe, 18,609; Aix, 5 juin 1809; Cass., 12 avril 1811, 8 août 1826; Besançon, 6 fév. 1827; Limoges, 20 déc. 1830 ; Lyon, 13 fév. 1836; Paris, 3 mai 1872; Rép. Gén. Defrénois, 2. 11.

(11) Toullier, 5,351; Marcadé, 1031.5; Demolombe, 18,610, Troplong, n° 553; Bordeaux, 6 mars 1841; Douai, 15 déc. 1848; Colmar, 22 mai 1850; Riom, 29 juin 1859; Cass., 12 août 1841, 18 août 1846, 13 janv. 1857, 28 mars 1859. Voir cependant Cass., 1er juill. 1861; Metz, 13 mai 1864; Nîmes, 23 mai 1865.

34. Le testament reçu par un notaire, en présence de quatre témoins, est écrit en entier, y compris le préambule et la clôture (1) par le notaire, de sa main, tel qu'il lui est dicté, *supra* n° 26; s'il est reçu par deux notaires en présence de deux témoins, il est écrit par l'un de ces notaires tel qu'il est dicté. (C. C. 972.) Dans ce dernier cas, il peut même être écrit en partie de la main d'un des notaires, et en partie de la main de l'autre (2), ce qui doit être mentionné dans le testament (3); toutefois, il n'est pas nécessaire de désigner nominativement celui des deux notaires qui a écrit (4), quoique cela soit préférable.

35. La rédaction se fait ordinairement à la première personne, c'est le testateur qui parle: mais rien n'empêche que les dispositions soient reproduites à la troisième personne (5).

36. Par ces mots: *tel qu'il est dicté*, on entend que le notaire doit énoncer la volonté du testateur, telle qu'elle est exprimée; mais en redressant les expressions du testateur s'il y a des fautes de français, des expressions impropres, des tournures bizarres (6).

37. Il doit être fait mention, à peine de nullité, que le testament a été *écrit* par le notaire tel qu'il a été dicté. (C. C. 972.) Toutefois, cette mention peut être remplacée par des équipollents, comme s'il est dit que le testateur a écrit mot à mot, ou à mesure que le testateur parlait (7). Il ne suffirait pas d'énoncer que le notaire a *rédigé* ou *retenu* les volontés dictées par le testateur (8).

38. Le Code n'exige pas que le testament par acte public soit rédigé en un seul contexte et sans divertir à d'autres actes (9); mais il est préférable de le faire dans le but d'éviter les indiscrétions qui pourraient se commettre dans l'intervalle des séances, et ainsi être cause de captation ou de suggestion (10). Si une disposition additionnelle était ajoutée dans le testament après la mention de la lecture, elle serait nulle et entraînerait la nullité du testament entier, quelque peu importante qu'elle fût (11).

39. Lorsque le testateur est étranger et ne sait pas parler français, ou est Français, mais parle un idiome et ne connaît pas la langue française, les dispositions testamentaires doivent être dictées par le testateur dans sa langue maternelle, et le notaire écrit en français les idées qu'on lui exprime dans l'autre langue (12); puis le notaire, sans qu'il y ait obligation, traduit à mi-marge dans la langue du testateur (*Arrêté 25 prairial an II, art. 1er et 2*); mais, pour qu'un pareil testament puisse avoir lieu, il faut que le notaire connaisse la langue de l'étranger; autrement, le testament ne serait pas possible, car la volonté doit être dictée au notaire

11° Écriture lorsqu'il n'y a qu'un notaire.

Le présent testament a été écrit en entier par Me DARBLAY, notaire soussigné, de sa main, tel qu'il lui a été dicté par le testateur; puis Me DARBLAY l'a lu au testateur, qui a déclaré qu'il contient bien ses volontés et qu'il y persiste; le tout en présence des quatre témoins.

12° Écriture lorsque le testament est reçu par deux notaires.

Le présent testament a été écrit en entier par Me DARBLAY, l'un des notaires soussignés, de sa main, tel qu'il a été dicté aux deux notaires par le testateur; puis Me DARBLAY l'a lu au testateur, qui a déclaré qu'il contient bien ses volontés et qu'il y persiste; le tout en présence de Me MESNIL et des deux témoins.

13° Dictée et écriture lorsque le testateur parle un idiome ou une langue étrangère.

Lequel a dicté en l'idiome du pays (*ou en langue anglaise*), que les notaires et témoins comprennent tous, à Me DARBLAY, notaire sous-

---

(1) Caen, 15 fév. 1842. Voir cependant Coin-Delisle, 972,18; Marcadé, 972,2; Demolombe, 21,264.

(2) Toullier, 5,422; Coin-Delisle, 972,16; Marcadé, 972,2; Dict. not. *test.*, n° 283; Roll., *test.*, n° 171; Troplong, n° 1331; Zach., Massé et Vergé, § 439, note 24; Demolombe, 21,263.

(3) Demolombe, 21,263.

(4) Duvergier sur Toullier, 5,423; Demolombe, 21,286; Cass., 26 juil. 1842; CONTRA Toullier, 5,423.

(5) Toullier, 5,418; Grenier, 1,236; Coin-Delisle, 972.40, note; Troplong, 1849; Demolombe, 21,253; Cass., 18 janv. 1809; Nîmes, 29 avril 1806; Bruxelles, 8 mai 1807; Angers, 13 août 1807; Riom, 17 nov. 1808; Bourges, 26 fév. 1855.

(6) Toullier, 5,419; Duranton, 9,77; Poujol, 972.17; Coin-Delisle, 972,14; Marcadé, 972,2; Massé et Vergé, § 439, note 25; Troplong, 1849; n° 1523, 1524; Demolombe, 21,250; Cass., 4 mars 1840, 19 janv. 1841, 22 juin 1843, 15 janv. 1845, 20 fév. 1872; Rép. Gén. Defrénois, t. II.

(7) Toullier, 5,421; Grenier, 1,328; Troplong, n° 1548; Demolombe, 21,289; Turin, 16 avril 1806; Cass., 3 déc. 1807, 26 juil. 1808; Riom, 26 mars 1810; Douai, 18 fév. 1812, 28 nov. 1814.

(8) Marcadé, 972,4; Troplong, n°s 1540 et 1543; Demolombe, 21,290; Cass., 27 mai 1807 et 4 fév. 1808; Colmar, 11 fév. 1845; CONTRA Vazeille, 972, 10 et 12; Coin-Delisle, 972,42; Liège, 5 janv. 1833.

(9) Grenier, n° 241; Duranton, 9,59; Coin-Delisle, 969,10; Troplong, n° 1057; Demolombe, 21,240; Limoges, 14 déc. 1842.

(10) Coin-Delisle, 972,13; Demolombe, 21,240; Troplong, n° 1507; Dict. not. *test.*, n° 240.

(11) Troplong, 1562; Toulouse, 22 juin 1864.

(12) Toullier, 5,458; Grenier, 1,255; Duranton, 9,78; Demolombe, 21,251; Troplong, n° 1529; Marcadé, 972,9; Liège, 23 juill. et 24 nov. 1806; Cass., 4 mai 1807; Douai, 2 mars 1842.

par le testateur lui-même, seul, et non par le secours d'un interprète (1). A l'égard des testaments reçus par les notaires d'*Algérie*, quand le testateur ou un témoin ne parlent pas la langue française, le notaire doit être assisté d'un interprète assermenté. (*Arrêté, 20 déc. 1842, art. 22*; *Décret, 25 avril 1851.*)

40. Selon quelques auteurs (2), les témoins aussi doivent connaître et la langue du testateur et la langue française. Cette opinion ne me paraît pas devoir être suivie, car elle aurait pour effet de rendre impossible la réception du testament par acte public dans les pays de patois et dans les pays de frontière, où il serait difficile de réunir quatre personnes comprenant la langue française. Il suffit donc que les témoins connaissent la langue parlée par le testateur (3); mais, dans ce cas, il est du devoir du notaire d'écrire à mi-marge une traduction textuelle du testament dans la langue parlée par le testateur et les témoins (4), parce que, si on venait à décider que le testament écrit en français n'est pas valable en raison de ce que les témoins ne connaissaient pas cette langue, il resterait le testament écrit dans la langue du testateur et des témoins. En effet, bien que les testaments publics, de même que les autres actes des notaires, dussent être écrits en français, ils ne seraient pas nuls pour avoir été écrits en patois ou en langue étrangère (5).

41. J'ai dit, *supra* n° 12, l'utilité de faire déclarer que les témoins réunissent les qualités voulues par la loi pour être témoins aux testaments; mais, lors du préambule, les témoins sont censés ignorer les dispositions du testament, et ils ne peuvent dès ce moment affirmer leur non-parenté avec les légataires. Une seconde interpellation est donc à faire au testateur et aux témoins après la dictée du testament, celle de déclarer que les témoins ne sont parents ni alliés (au degré prohibé *s'ils sont parents ou alliés, supra* n° 10) d'aucun des légataires, ce qu'il est utile de relater dans le testament, ainsi que la déclaration du testateur et des témoins à cet égard. Cette précaution met le notaire à l'abri contre l'action en responsabilité, en cas de nullité du testament pour parenté ou alliance d'un témoin avec l'un des légataires; pourvu cependant que l'interpellation ait été réellement faite, car autrement l'inscription de faux contre la mention serait admissible afin d'exercer contre le notaire l'action en responsabilité (6). En cas de fausse déclaration de la part d'un témoin, voir n° 12 *in fine.*

42. Le testament public, de même que les autres actes notariés, doit, à peine de nullité, contenir l'indication de l'année, du jour et du lieu où il est passé (7).

43. L'énonciation de l'heure n'est pas requise; néanmoins il est utile de la mentionner quand le testament est fait la nuit, ou si la mort du testateur paraît imminente, ou encore si son intelligence altérée ne se montrait plus que par intervalles (8).

signé, en présence des quatre témoins ci-dessus nommés, son testament ainsi qu'il suit :

. . . .

Le présent testament a été écrit en entier par M° DARBLAY, notaire soussigné, de sa main, tel qu'il lui a été dicté par le testateur, d'abord en français, puis à mi-marge en l'idiome parlé par le testateur (*ou en langue anglaise*); ensuite M° DARBLAY l'a lu et traduit au testateur, qui a déclaré qu'il contient bien ses volontés et qu'il y persiste, le tout en présence des quatre témoins ci-dessus nommés.

14° Interpellation sur les témoins.

Sur l'interpellation que leur a faite M° DARBLAY, notaire soussigné, le testateur et les quatre témoins ont déclaré individuellement que lesdits quatre témoins ne sont parents ni alliés, soit du testateur, soit du légataire, — *ou d'aucun des légataires ci-dessus nommés, — ou en cas de parenté:* que MM. AMÉ, BLIN et CLERC ne sont parents ni, ou, que M. DEBLÉ est parent de M..., mais au... degré seulement.

15° Lieu et date.

Dont acte.

Fait et passé à... rue... n°... au domicile du testateur, dans une chambre du premier étage, éclairée par deux fenêtres sur le jardin,

---

(1) Duranton, 9.80; Poujol, 972.13; Coin-Delisle, 972,7; Marcadé, 972,2; Massé et Vergé, § 434, note 9; Demolombe, 21,251; trib. Strasbourg, 19 juil. 1869; Rép. Gén. Defrénois, n° 372; CONTRA Dict. not., *langue franç.*, n° 20; Metz, 21 août 1823, 19 nov. 1828.

(2) Demolombe, 21,197; Toullier, 5,383; Grenier, 1,255; Duranton, 9,79; Poujol. 974,3; Vazeille, 980,5; Zach., § 434.

(3) Coin-Delisle, 980, 35 à 27; Marcadé, 972,2; Troplong, n° 1526; Massé et Vergé, § 439, note 9; Dict. not. test., n° 308; Bruxelles, 9 janv. et 6 mai 1813; Liège, 24 nov. 1806 et 31 janv. 1817; Metz, 19 déc. 1816; Douai, 15 janv. 1834; Bruxelles, 1er mars 1870; Rép. Gén. Defrénois, t. II.

(4) Marcadé, 972,2; Coin-Delisle, 972,6; Massé et Vergé, § 434, note 9.

(5) Toullier, 5,459; Demolombe, 21, 252 bis; Vazeille, 972, 4; Marcadé, 972,2; Coin-Delisle, 969,20,21; Bruxelles, 13 déc. 1808.

(6) Paris, 13 déc. 1861. Voir cependant Bruxelles, 11 fév. 1868; Rép. Gén. Defrénois, n° 365.

(7) Coin-Delisle. 971,21; Toullier, 5,451,453; Duranton, 9,55; Troplong, 1571; Demolombe, 21,230; Lyon, 18 janv. 1832; Cass., 16 mars 1850.

(8) Demolombe, 21,230.

44. Le testament, comme tous les autres actes, doit être écrit lisiblement, en un seul contexte, sans abréviations; les sommes et les dates doivent être en toutes lettres; il ne doit pas y avoir de surcharges, interlignes ou additions dans le corps de l'acte; les renvois et les mots rayés doivent être approuvés, etc.

45. Il doit être donné lecture du testament au testateur en présence des témoins, ce que le testament doit expressément mentionner. (C. C. 972) Cette mention n'est pas assujettie à des expressions sacramentelles et peut résulter de certains équipollents (1); cependant, afin de bien se conformer, à cet égard, aux prescriptions de la loi et d'éviter toute contestation, il est d'une haute prudence de mettre la mention de la lecture à la fin de l'acte. On énonce par là suffisamment que le notaire a lu au testateur, non-seulement le testament, mais aussi la mention de signature, ou la déclaration de ne savoir ou de ne pouvoir signer. Après cette mention de lecture, on dit : *le tout en présence des témoins*, pour bien constater que les témoins ont été présents, non-seulement à la lecture du testament et à la mention de lecture, de signature ou de déclaration de ne savoir ou ne pouvoir signer, mais aussi à la déclaration de ne savoir ou ne pouvoir signer et à l'essai de signer, puis la déclaration de ne le pouvoir, *infra* n° 53 (2). — Toutefois, le défaut d'énonciation que la déclaration relative à la signature a été lue au testateur en présence des témoins ne serait pas une cause de nullité (3).

46. La loi n'exige pas que la lecture du testament soit faite par le notaire (4); cependant il est préférable qu'il le lise lui-même.

47. Le testament doit être signé par le testateur, les témoins (toutefois voir *infra* n° 59) et les notaires, et contenir l'énonciation de ces signatures (5). Si le testateur déclare qu'il ne sait ou ne peut signer, il est fait dans l'acte mention expresse de sa déclaration, ainsi que de la cause qui l'empêche de signer. (C. C. 973, 974.) — Lorsque le testateur ne sait signer, on doit mentionner sa déclaration de ne savoir *écrire ni signer*, et non pas seulement sa simple déclaration de ne savoir *écrire* (6), car la pratique révèle que beaucoup de personnes entièrement illettrées ont cependant l'usage de signer.

48. Ainsi, lorsque le testateur ne signe pas, il faut énoncer : 1° sa déclaration à cet égard; 2° la cause qui l'empêche de signer. Il ne suffirait pas de dire : *le testateur ne signe pas, parce qu'il ne le sait pas, ou à cause de son état de faiblesse... de paralysie*; il faut dire : *le testateur a* DÉCLARÉ *ne savoir signer... ou ne pouvoir signer à cause...* (7).

où le testateur a été trouvé alité.

L'an mil huit cent soixante ... le... à... heures de l'après-midi.

16° Le testateur signe

Et le testateur a signé avec les quatre témoins et le notaire, après lecture donnée par M⁰ Darblay au testateur; le tout en présence des témoins (*ou* le tout en présence de M⁰ Mesnil et des deux témoins).

17° Le testateur ne sait signer.

Et le testateur, sur l'interpellation à lui faite par M⁰ Darblay, a déclaré ne savoir écrire ni signer, les quatre témoins et le notaire ont seuls signé, après lecture donnée par M⁰ Darblay au testateur; le tout en présence des témoins (*ou* le tout en présence de M⁰ Mesnil et des deux témoins).

18° Le testateur ne peut signer.

Et le testateur, sur l'interpellation à lui faite par M⁰ Darblay, a déclaré savoir signer, mais ne le pouvoir

---

(1) Demolombe, 21, 278, 282; Montpellier, 30 déc. 1841; Cass., 5 déc. 1846, 8 août 1867. Voir cependant Bordeaux, 17 fév. 1848; Cass., 20 mars 1854; Rép. Gén. Defrénois, n° 374.

(2) Dict. not. *test.*, n° 330.

(3) Coin-Delisle, 972,24; Marcadé, *Revue crit.*, 1852, p. 337; Demante, 4, 117 *bis*; Saintespès, 4,1063; Demolombe, 21, 279, 315; Douai, 6 mars 1833 et 24 mai 1853; Aix, 16 fév. 1853; Dijon, 2 mars 1853; Angers, 3 janv. 1855; Lyon, 28 déc. 1855; Cass., 3 juill. 1834, 24 mai 1853, 8 mai 1855, 4 juin 1855; CONTRA Troplong, 1391; Paris, 14 juill. 1831.

(4) Coin-Delisle, 972,20; Marcadé, 972,3; Bordeaux, 1er juill. 1855; CONTRA Troplong, 1533; Demolombe, 21,269.

(5) Toullier, 5,434; Duranton, 9,93; Poujol, 973,25; Troplong,

n° 1581; Demolombe, 21, 234, 306; Cass., 23 nov. 1825, 21 mai 1838; CONTRA Marcadé, 973,1; Coin-Delisle, 973,4; avis conseil d'Etat, 16 juin 1810.

(6) Toutefois il a été décidé que la mention de la déclaration de ne savoir écrire équivaut à celle de ne savoir signer; Coin-Delisle, 975,7; Demolombe, 21,269; Bruxelles, 15 mars 1810; Colmar, 22 déc. 1812; Liège, 22 avril 1813; Cass., 1er fev. 1859 et 23 déc. 1861.

(7) Demolombe, 21,308; Troplong, n° 1587; Massé et Vergé, § 439, note 3; Marcadé, 973,2; Limoges, 17 juin 1808 et 4 déc. 1821; Liège, 24 nov. 1806 et 29 juin 1821; Caen, 11 déc. 1842; Cass., 15 avril 1835. Voir cependant Toullier, 5,438; Coin-Delisle, 973,6; Toulouse, 27 avril 1813; Colmar, 13 nov. 1813; Cass., 10 déc. 1861.

49. Si le testateur, après avoir signé ou avoir déclaré ne le savoir ou ne le pouvoir, vient à décéder avant que les témoins et le notaire aient tous signé, le testament est nul comme n'ayant pas reçu sa confection entière du vivant du testateur (1); mais comme le notaire n'est pas juge de la validité de l'acte, il est utile qu'il achève le testament en mentionnant le fait, et qu'il le signe avec les témoins (2).

50. Il ne suffit pas que le testateur déclare ne savoir signer, il faut réellement qu'il ne sache signer. Si donc le testateur sait signer et qu'il déclare faussement qu'il ne sait pas signer, sa déclaration équivaut au défaut de signature et entraîne la nullité du testament (3); mais si sa déclaration erronée a été faite de bonne foi, comme si, après avoir signé autrefois tant bien que mal, il en a perdu l'habitude, sa déclaration de ne savoir signer peut suffire (4). Toutefois il est préférable de mentionner sa déclaration d'avoir signé autrefois, mais de ne plus le savoir.

51. Le notaire qui a interpellé le testateur de déclarer s'il sait signer, et qui a mentionné dans le testament sa réponse négative, ne saurait être déclaré responsable des conséquences de la déclaration mensongèrement faite par le testateur qu'il ne sait signer (5).

52. Lorsque le notaire, après la signature du testament par le testateur et les témoins, vient à s'apercevoir de l'insanité d'esprit du testateur, il peut ne pas le compléter en refusant d'y apposer sa signature (6).

53. Lorsque le testateur a essayé de signer, mais n'a pu tracer que des traits sans suite ou des caractères informes, on laisse subsister la mention de signature, ainsi que les traits sans suite ou les caractères informes, au-dessous desquels on fait une nouvelle mention énonçant l'essai de signer et l'empêchement pour *telle* cause, puis la *déclaration* du testateur de ne pouvoir signer et la cause (7).

54. Jugé, à cet égard, que la signature du testateur irrégulière, incomplète et même illisible, est suffisante si elle ne diffère pas essentiellement de celle qu'il apposait sur les actes faits par lui à la même époque, et que par conséquent la mention surabondante faite par le notaire de l'impossibilité où s'est trouvé le testateur de signer plus lisiblement, ne saurait vicier le testament en raison de ce que le testateur n'aurait pas déclaré lui-même la cause de cette impossibilité (8).

55. Jugé aussi que le notaire commet une faute en se retirant sans terminer son testament, alors que le testateur, déclarant vouloir et pouvoir signer, n'appose cependant qu'une signature informe et incomplète (9).

à cause de la paralysie dont il est atteint au bras droit; les témoins et le notaire ont seuls signé, après lecture donnée...., etc. (*Le surplus de la phrase comme au n° 16.*)

19° Le testateur a signé, mais il ne le sait plus.

Et le testateur, sur l'interpellation à lui faite par M⁰ Darblay, a déclaré avoir signé autrefois, mais ne plus le savoir maintenant, en ayant totalement perdu l'habitude, les témoins et le notaire ont seuls signé, après lecture..., etc. (*Le surplus comme au n° 16.*)

20° Le testateur a essayé de signer, mais il ne l'a pu.

(*Sous les caractères tracés par le testateur, on ajoute la mention suivante:*)

Et le testateur, sachant signer, a essayé de le faire, ce qui a donné lieu à la mention de signature qui précède; mais, à raison du grand état de faiblesse que lui cause la maladie dont il est atteint, il n'a pu tracer que des caractères informes, et a déclaré savoir signer, mais ne le pouvoir à cause de son grand état de faiblesse, les témoins et le notaire ont seuls signé, après nouvelle lecture de tout le contenu au présent testament, donnée, etc. (*Le surplus comme au n° 16.*)

---

(1) Demolombe, 21,300: Toullier, 5,444; Troplong, n° 1590, 1595; Coin-Delisle, 974,4; Roll.; *test.*, n° 222; Gand, 5 avril 1834.

(2) Caen, 17 décembre 1857; Cass., 28 avril 1862; Lyon, 30 nov. 1864.

(3) Demolombe, 21,307; Toullier, 5,439; Duranton, 9,99; Zach., § 439, note 33; Coin-Delisle, 973,3; Troplong, n° 4585; Marcadé, 973,4; Dict. not. *sign*, n° 437; Roll., *ibid.*, n° 68; Limoges, 26 nov. 1823; Montpellier, 27 juin 1834; Bordeaux, 18 janv. 1837; Lyon, 16 août 1861. Voir cependant Riom, 13 août 1856; Cologne, 9 mai 1860.

(4) Coin-Delisle, 973,3; Marcadé, 973,4; Troplong, 1385; Demolombe, 21.307; Caen, 5 mai 1829; Cass., 5 mai 1831; 28 janv. 1840, 18 mai 1868; Rép. Gén. Defrénois, n° 375.

(5) Lyon, 16 août 1861.

(6) Bordeaux, 5 août 1841.

(7) Troplong, n° 1586; Demolombe, 21, 305, 313; Cass, 21 juill. 1806, 18 juin 1816 et 31 déc. 1850; Bordeaux, 2 mai 1861.

(8) Cass., 19 juill. 1842, 31 déc. 1850; Bordeaux, 2 mai 1861.

(9) Lyon, 30 nov. 1861.

56. Lorsque le testateur est atteint de quasi-surdité, il est utile de constater que le notaire a lu à très-haute voix et que le testateur a déclaré avoir entendu; mais si la surdité est complète, rien n'empêche de lui donner le testament à lire, pourvu qu'il le lise haut, de manière à être bien entendu des témoins, ce que le testament doit constater (1). Conséquemment, celui qui est atteint d'une surdité complète et ne sait ni lire ni écrire ne peut faire un testament (2).

57. Dans tous les cas, lorsque le notaire mentionne avoir donné lecture du testament au testateur et que celui-ci a déclaré y persister, il n'apprécie pas seulement la capacité physique du testateur, il constate surtout un fait matériel qui ne peut être combattu que par la voie de l'inscription de faux. il ne suffit donc pas, pour détruire la preuve authentique, de demander à prouver que la surdité du testateur ne lui a pas permis d'entendre la lecture, et que, ne sachant pas lire, il n'a pu prendre lui-même lecture de l'acte (3).

58. Lorsque le testateur parle un idiome ou une langue étrangère, *supra* n° 39, la lecture du testament doit être faite et dans la langue française et dans la langue du testateur, afin qu'il soit bien constant que la volonté du testateur a été également exprimée dans les deux langues. Cependant, si le testateur ni les témoins n'entendent pas la langue française, il suffit que la lecture soit donnée par le notaire dans l'idiome qui leur est familier, au moyen d'une traduction aussi exacte que possible de ce qu'il a écrit (4), *supra* n° 40; jugé à ce sujet, qu'un testament n'est pas nul pour avoir été dicté en flamand par la testatrice et rédigé en français par le notaire, quoiqu'il ne mentionne pas que la traduction ait eu lieu à la testatrice, lorsqu'il lui a été lu et qu'elle a déclaré bien le comprendre (5).

59. Bien que le testament, de même que les autres actes, doive être signé par les témoins, *supra* n° 42, il suffit dans les campagnes qu'un des deux témoins signe si le testament est reçu par deux notaires, et que deux des quatre témoins signent s'il est reçu par un notaire (C. C. 974), afin de ne pas rendre impossible, dans certaines localités, la faculté de tester.

60. On mentionne habituellement le défaut de signature des témoins et la cause qui les a empêchés de signer; mais l'inaccomplissement de cette formalité n'entraînerait nullement la nullité du testament, la loi n'exigeant à cet égard ni la déclaration des témoins, ni même la mention du notaire (6).

61. C'est aux juges qu'il appartient d'apprécier si le lieu où le testament est passé est une campagne (7); et comme cette appréciation peut être différente de celle du notaire, il fera bien, toutes les fois qu'il le pourra, d'exiger que tous les témoins signent; ce sera le moyen d'éviter toute difficulté.

21° Lecture par le testateur lui-même, à cause de sa surdité.

Et le testateur a signé avec les témoins et le notaire, après lecture donnée par Mᵉ DARBLAY au testateur à très-haute voix, et après que le testateur, à cause de la surdité complète dont il a déclaré être atteint, en a lui-même pris lecture à haute et intelligible voix; le tout en présence des témoins.

22° Lecture quand le testateur parle un idiome ou une langue étrangère

Et le testateur a signé avec les témoins et le notaire, après lecture donnée par Mᵉ DARBLAY au testateur, d'abord en langue française, puis en l'idiome dont il parle (*ou* en langue anglaise), le tout en présence des témoins.

23° Deux témoins sur quatre (ou un sur deux) ne savent signer.

Et MM. CLERC et DEBLÉ, deux des quatre témoins (*ou* M. BLIN, l'un des deux témoins, ayant déclaré, sur l'interpellation à eux faite individuellement (*ou* à lui faite) par Mᵉ DARBLAY, ne savoir écrire ni signer, le testateur a signé avec MM. AMÉ et BLIN (*ou* avec M. AMÉ), témoins sachant signer, et le notaire, après lecture donnée..., etc. (*Le surplus comme au n° 16.*)

---

(1) Coin-Delisle, 972,21; Bayle-Mouillard, 1.282; Zach., § 439, 27; Marcadé, 972,3; Roll., *test*, n° 32; Demante. IV, 157 *bis*; Montpellier, 1ᵉʳ déc. 1852; Cass., 10 avril 1854; Bordeaux, 5 juill. 1855; Pau, 9 janv. 1867; Aix, 10 nov. 1869; Cass., 14 fév. 1872; Rép. Gén. Defrénois, t. II; CONTRA Massé et Vergé, § 436-1, et § 439-27; Demolombe, XXI, 272.

(2) Duranton, 9,83; Roll., *test*., n° 34; Dict. not. *test*, n° 51.

(3) Poitiers, 20 fév. 1857.

(4) Troplong, n° 1534; Metz, 19 déc. 1816.

(5) Douai, 2 mars 1842.

(6) Coin-Delisle, 974,7; Marcadé, art. 974; Troplong, n° 1596; Demante, IV, 119 *bis*; Saintespès, IV, 1696; Demolombe, XXI, 325; Toulouse, 27 avril 1813, 29 juin 1821; CONTRA Duranton, 9,93 et 103; Zach., § 439, note 85.

(7) Grenier et Bayle-Mouillard, II, 243; Toullier, 5,445; Duranton, 9,102; Coin-Delisle, 974,5; Troplong, n° 1594; Marcadé, art. 674; Demolombe, XXI, 327; Cass., 10 juin 1817 et 10 mars 1829; Lyon, 29 nov. 1828; Bordeaux, 29 avril 1829; Grenoble, 22 mars 1832 et 7 juill. 1838; Angers, 17 juin 1841.

§ II. — DU TESTAMENT MYSTIQUE

62. Le testament *mystique* ou *secret* est celui que le testateur écrit lui-même ou qu'il fait écrire par un tiers, et qu'il présente ensuite clos et scellé à un notaire qui en dresse l'acte de suscription.

63. Le testament mystique comprend donc deux choses : 1° Les dispositions écrites dans le papier intérieur; 2° l'acte de suscription écrit sur le papier servant d'enveloppe. — Il a sur le testament olographe l'avantage de participer à certains égards de l'authenticité du testament par acte public.

64. L'acte de suscription est reçu par un notaire en présence de six témoins au moins (C. C. 976), ou même de sept dans le cas exprimé *infra* n° 67; sans que la présence parmi eux d'un second notaire dispense du nombre prescrit (1).

65. Le notaire ne doit pas être parent ni allié du testateur au degré prohibé par l'article 8 de la loi du 25 ventôse an XI (2). Mais il est indifférent que le papier intérieur renferme des dispositions à son profit ou au profit de l'un de ses parents au degré prohibé, alors même qu'elles auraient été écrites par lui ou dans son étude, car, légalement, il est présumé l'ignorer (3).

66. Les témoins doivent réunir les qualités requises pour le testament par acte public (4), *supra* nos 8 à 15 (4); toutefois, ils peuvent être les légataires ou les parents et alliés des légataires, les dispositions étant réputées secrètes (5). Ils doivent comprendre la langue dans laquelle le testateur fait sa déclaration au notaire et aux témoins.

67. Si le testateur ne sait signer, ou s'il n'a pu le faire lorsqu'il a fait écrire ses dispositions, il est appelé à l'acte de suscription un septième témoin (6), lequel signe l'acte avec les autres témoins, et il est fait mention de la cause pour laquelle ce témoin a été appelé (C. C. 977). Cette mention n'est soumise à aucune forme sacramentelle, et peut être placée à n'importe quelle partie de l'acte (7). Le septième témoin fait partie des témoins appelés à l'acte de suscription et a le même rôle que les autres témoins.

68. Pour faire un testament mystique, il faut non-seulement avoir la capacité de tester, *supra* nos 16 et suiv., mais encore savoir et pouvoir lire. En conséquence, ceux qui, à l'époque de l'acte de suscription, ne savent ou ne peuvent lire, sont privés de faire leurs dispositions dans cette forme (C. C. 978); ainsi l'aveugle ne peut disposer dans la forme mystique (8).

Formule 2e

—

Testament mystique. Acte de suscription.

PAR-DEVANT Mᵉ Léon DAIX, notaire à..... soussigné,

En présence de : 1° M. Louis ANCEL, avocat; 2° M. Léon BLIN, négociant; 3° M. Jules COURT, avoué; 4° M. André DOBEL, rentier; 5° M. Paul MOREL, médecin; 6° et M. Jean FERET, rentier; demeurant tous à..., témoins instrumentaires.

Si le testateur n'a pu signer son testament :

En présence de :

1°... 2°... 3°... 4°... 5°... 6°...; et 7°... M. Elie GLOS, épicier, demeurant tous les sept à..., témoins instrumentaires. Etant fait observer que l'adjonction du septième témoin a eu lieu sur la déclaration faite par le testateur ci-après nommé, qu'il sait lire mais qu'il ne sait écrire ni signer (ou qu'il n'a pu signer ses dispositions lorsqu'il les a fait écrire, à cause de la paralysie de son bras droit.

A COMPARU :

M. Marcel HÉLIN, rentier, demeurant à...

---

(1) Grenier, 1, 257; Duranton, IX, 206 *note*; Marcadé, 976,9; Demolombe, XXI, 363; Dict. not., *acte de susc.*, n° 19; Roll., *ibid*, n° 21.

(2) Marcadé, 976,5; Demolombe, XXI, 350.

(3) Toullier, V, 467; Duranton, IX, 143; Coin-Delisle, 976.32; Marcadé, 976,5; Troplong, n° 1638; Demolombe, XXI, 362; Nîmes, 24 fév. 1821; Montpellier, 9 fév. 1836; CONTRA, Grenier et Bayle-Mouillard, 1, 269 *bis*; Massé et Vergé, § 639, note 14.

(4) Toullier, V, 468; Duranton, IX, 141; Marcadé, 976,5;

Troplong, n° 1632; Demolombe, 21,372; CONTRA Coin-Delisle, 976,39.

(5) Marcadé, 976,5; Troplong, n° 1633; Demolombe, XXI, 372.

(6) Voir Marcadé, art. 977; Troplong, n° 1658; Demolombe, XXI, 365; Cass. 3 janv. 1838.

(7) Demolombe, XXI, 367; Cass. 3 janv. 1838.

(8) Toullier, V, 478; Troplong, n° 1660; Demolombe, XXI, 395; Voir cependant Marcadé, art. 978; Coin-Delisle, 976.4.

69. Si le testateur ne sait pas lire *l'écriture à la main*, mais qu'il sache lire *l'écriture moulée ou imprimée*, il peut tester dans la forme mystique, si ses dispositions ont été reproduites dans l'écriture qu'il lit (1).

70. Il suffit que le testateur ait pu lire ses dispositions au moment même où il les a présentées aux notaire et témoins, *infra* n° 76 ; il n'est donc pas nécessaire d'établir qu'il les a effectivement lues lui-même (2), ni, par conséquent, de faire mention de cette lecture soit dans l'écrit intérieur, soit dans l'acte de suscription (3).

71. C'est à celui qui prétend que le testateur ne pouvait lire lors de la confection du testament, à en apporter la preuve (4).

72. Lorsque le testateur veut faire un testament mystique, il écrit ses dispositions ou les fait écrire par une autre personne et les signe, *supra* n° 67 (C. C. 976), sans qu'il soit nécessaire de les dater, le testament s'incorporant à l'acte de suscription dont il prend la date, qu'il soit ou non signé. En conséquence, c'est au jour de cet acte qu'il faut se placer pour la capacité de tester (5).

73. Les dispositions sont écrites soit par le testateur, soit par un tiers quelconque, même un mineur, un étranger, une femme, soit par une seule personne ou par plusieurs, soit en partie par le testateur lui-même et en partie par un autre ou par plusieurs autres (6) ; elles peuvent aussi être écrites par le notaire qui dresse l'acte de suscription (7) ou par un légataire (8) qui, ensuite, peut être témoin à l'acte de suscription (9). Toutefois, il est préférable de ne pas les faire écrire par des personnes intéressées (10).

74. Le papier qui contient les dispositions du testateur, ou le papier qui sert d'enveloppe, s'il y en a une, est clos et scellé (C. C. 976). La clôture doit être faite de telle sorte que le testament ne puisse être ouvert sans bris ni fracture, soit en le pliant sous forme de lettre ou en le renfermant dans une enveloppe, soit en entourant la feuille de papier d'un ruban qui la traverse à divers endroits ; et le scel a lieu par l'apposition sur de la cire fondue ou, à défaut, sur du pain à chanter (11), d'un sceau ou cachet qui, suivant des auteurs, doit, à peine de nullité, porter une empreinte (12), qu'il est utile de décrire dans l'acte de suscription, quoique cela ne soit pas exigé (13).

« Mondit sieur HÉLIN étant « sain d'esprit, ainsi qu'il « est apparu au notaire et « aux témoins. »

Ou bien :

« Mondit sieur HÉLIN étant « malade de corps, mais « sain d'esprit, ainsi qu'il « est apparu au notaire et « aux témoins. »

Lequel a présenté à M° DAIX, notaire soussigné et aux six témoins (*ou* aux sept témoins), le présent papier plié en forme de lettre, clos et scellé à deux endroits avec de la cire bleue et un cachet ayant pour empreinte les lettres M. H. entrelacées (*ou* le présent papier clos à l'entour avec un ruban blanc et scellé aux quatre coins du recto et du verso avec de la cire rouge et un cachet ayant pour empreinte les lettres M. H. en caractères gothiques.)

Si le papier est clos et scellé en présence des notaires et témoins :

Lequel a fait clore et sceller par M° DAIX, en présence des six témoins (*ou* des sept témoins), son tes-

---

(1) Coin-Delisle, 978,2; Marcadé, 976,2; Massé et Vergé, § 440-21; Demolombe, XXI, 393,394; CONTRA Duranton, IX, 135; Troplong, n° 1661 ; Dict. not., *test.*, n° 399.

(2) Troplong, n° 1663 ; Demolombe, XXI, 399 ; Pau, 3 juill. 1865 ; Aix, 13 août 1866 ; Paris, 30 nov. 1866 ; Cass., 7 mai 1866; 28 juill. 1868 ; Rép. Gén. Defrénois, n° 381.

(3) Demolombe, XXI, 399.

(4) Troplong, n° 1662 : Massé et Vergé, § 440, note 25; Demolombe, XXI, 396; Douai, 25 juill. 1845; Cass., 22 juin 1852.

(5) Toullier, V, 475; Duranton, IX, 123; Zach., Massé et Vergé, § 440-5; Coin-Delisle, 976,18; Troplong, n° 1623; Marcadé, 976,2; Demolombe, XXI, 339; Cass., 11 mai 1809; Colmar, 20 janv. 1824.

(6) Marcadé, 976,2; Coin-Delisle, 976-23; Troplong, n° 1631; Demolombe, XXI, 334; Cass., 11 mai 1811.

(7) Grenier, I, 264; Duranton, IX, 126; Coin-Delisle, 976,23; Troplong, n° 1638; Demolombe, XXI, 302; Cass., 8 avril 1806.

(8) Grenier, I, 269; Toullier, V, 467; Duranton, IX, 126; Marcadé, 976,5; Troplong, n° 1621; Demolombe, XXI, 333; Nimes, 21 fév. 1821 ; Bordeaux, 6 avril 1854.

(9) Toullier, V, 467; Coin-Delisle, 980,10; Marcadé, 976,5, note ; Troplong, n° 1631; Demolombe, 21,333; Nimes, 21 fév. 1821; CONTRA Grenier, I, 268; Massé et Vergé, § 439-11; Roll., *acte de susc.*, n° 12.

(10) Roll., *acte de susc.*, n° 13 ; Jur. N. 10424.

(11) Demolombe, XXI, 350.

(12) Grenier et Bayle-Mouillard, II, 261; Toullier, V, 463; Duranton, IX, 124, Marcadé, 976,2; Dict. not., *test.*, n° 430 et *acte de susc.*, n° 7; Cass., 7 août 1810; Cass., Bruxelles, 18 fév. 1818; CONTRA Coin-Delisle, 976-23; Mourlon, II, p. 391; Troplong, n° 1627; Dalloz, n° 3260; Massé et Vergé, § 140-8; Bordeaux, 14 nov. 1839; Agen, 27 fév. 1853; Cass., 2 avril 1856.

(13) Demolombe, XXI, 348.

75. Le papier peut être clos et scellé par un autre que le testateur ; mais s'il est présenté aux notaire et témoins non clos ni scellé, il est préférable qu'il le soit par le notaire.

76. Le testateur présente son testament ainsi clos et scellé au notaire et à six témoins au moins, ou il le fait clore et sceller en leur présence (C. C. 976).

77. La présentation et l'état du papier présenté, c'est-à-dire qu'il est clos et scellé ; doivent être mentionnés dans l'acte de suscription à peine de nullité (1), sans toutefois que la mention soit soumise à des formes sacramentelles ; ainsi la nullité ne serait pas encourue parce que le notaire aurait employé le mot *remet* au lieu du mot *présente* (2), ou au lieu de dire que le testament a été présenté *au notaire et aux six témoins*, — il aurait dit : *au notaire en présence des témoins* (3).

78. Le testateur déclare que le contenu du papier, par lui présenté, est son testament écrit et signé de lui, ou écrit par un autre et signé de lui (C. C. 976), ou, s'il sait lire, mais qu'il ne sache ou ne puisse signer, écrit par un autre et non signé de lui (C. C. 977). On n'exige pas qu'il soit fait mention dans l'acte de suscription de la personne qui a écrit le testament (4), cependant il est préférable de la nommer ; cela est même nécessaire si le testament a été écrit en partie par le testateur, et en partie par un ou plusieurs autres, afin d'éviter tout soupçon d'altération (5).

79. La déclaration du testateur que le papier présenté est son testament, doit être mentionnée dans l'acte de suscription à peine de nullité (6).

80. Le notaire dresse l'acte de suscription sur le papier présenté par le testateur ou sur la feuille qui sert d'enveloppe (C. C. 976), ce qu'il est utile de mentionner dans l'acte, encore bien que la loi ne l'exige pas (7). Si l'acte était écrit sur un papier distinct et à part, il serait nul (8).

81. Cet acte est assujetti aux règles prescrites par la loi du 25 ventôse an XI pour les actes notariés en général (9) ; toutefois, il doit, à peine de nullité, être écrit par le notaire lui-même (10), ce que l'on mentionne ordinairement quoique cela ne soit pas obligatoire (11).

82. Il n'est pas nécessaire que l'acte de suscription soit passé en minute ; dès lors le testateur, qui a d'abord laissé son testament mystique entre les mains du notaire, peut ensuite se le faire remettre (12).

tament renfermé dans l'enveloppe sur laquelle est écrit le présent acte de suscription, et a présenté à Mᵉ Daix, notaire soussigné et aux six témoins (*ou aux sept témoins*) le présent papier, plié en forme de lettre, clos et scellé à deux endroits avec de la cire bleue et un cachet ayant pour empreinte les lettres M. H. en caractères gothiques.

Et il a déclaré que le présent papier est l'enveloppe dans laquelle est contenu son testament écrit et signé par lui (*ou signé par lui mais écrit par M...*) (*ou encore si le testateur ne sait ou n'a pu signer*) : écrit par M..., mais non signé de lui par les motifs qui ont été indiqués plus haut.

En conséquence, Mᵉ Daix, notaire soussigné, a écrit de sa main le présent acte de suscription sur le papier servant d'enveloppe au testament.

Fait et passé à.... en l'étude, — *ou à.... au domicile du testateur, dans sa chambre à coucher, au 1ᵉʳ étage, où il a été trouvé alité.*

L'an mil huit cent soixante... le...

---

(1) Grenier et Bayle-Mouillard, II, 264 ; Toullier, v, 471 ; Zach., § 440-9 ; Duranton, IX, 139 ; Marcadé, 976,4 ; Demolombe, XXI, 375, 381 ; Troplong, nº 1640 ; Cass., 7 avril 1806, 7 août 1810, 28 déc. 1812 ; CONTRA Coin-Delisle, 976,48 à 51.

(2) Troplong, nº 1642 ; Demolombe, XI, 377 ; Cass., 7 avril 1806, 11 mai 1811.

(3) Demolombe, XXI, 379 ; Bordeaux, 5 mai 1828 ; Toulouse, 19 juin 1830.

(4) Dict. not., *test.*, nº 419 et *acte de susc.*, nº 60 ; Demolombe, XXI, 335 ; Cass., 16 déc. 1834.

(5) Voir Troplong, nº 1631 ; Massé et Vergé, § 440-42 ; Demolombe, XXI, 335 ; Cass., 11 mai 1811 ; Lyon, 26 janv. 1822.

(6) Voir *supra* note 1 ; ajoutez, Orléans, 17 juill. 1847.

(7) Troplong, nº 1646 ; Demolombe, XXI, 384.

(8) Troplong, nº 1639 ; Demolombe, XXI, 355 ; Cass., 6 juin 1815.

(9) Marcadé, 976,5 ; Demolombe, XXI, 356 ; Cass., 16 déc. 1834.

(10) Toullier, v, 481 ; Zach., Massé et Vergé, § 440-13 ; Coin-Delisle, 976,35 ; Marcadé, 976,3 ; Demolombe, XXI, 357 ; Troplong, nº 1637 ; Dict. not., *acte de susc.* nº 77 ; CONTRA Vazeille, 976,17.

(11) Toullier, v, 481 ; Duranton, IX, 127 ; Coin-Delisle, 976,41 ; Zach., § 440,13 ; Troplong, nº 1645 ; Dict. not., *acte de susc.*, nº 78 ; Roll., *ibid.*, nº 88 ; Demolombe, XXI, 384.

(12) Merlin, *Notaire*, § 5 ; Toullier, v, 659 ; Duranton, IX, 470, note ; Vazeille, 1035,6 ; Massé, *Parfait not.*, liv. 3, chap. 17 ; Troplong, nº 1653 ; Carré et Chauveau, *Proc.*, art. 916, 917 ; Zach., Massé et Vergé, § 440-13 ; Coin-Delisle, 976-20 ; Demolombe, XXI, 358 ; T. Chancey, 14 juill. 1836 ; Cass., Belg., 26 mai 1846 ; Paris, 10 juin 1848 ; CONTRA, Délib, chamb. not., Paris, 6 fév. 1823 ; Grenier et Bayle-Mouillard, 2,277 *bis* ; Poujol, 976,22 ; Roll., *acte de susc.*, nº 107 ; Dict. not. *ibid.*, nº 33, *minute*, nº 233 ; *test.* nº 433 ; Amiens, 29 nov. 1837.

83. L'acte de suscription est signé tant par le testateur que par le notaire, ensemble par les témoins (C. C. 976), ce qui doit être mentionné en fin de l'acte (1). Les témoins doivent tous signer, même lorsque l'acte est dressé dans une campagne (2).

84. Il est utile de mentionner que l'acte de suscription a été lu au testateur en présence des témoins; cependant le défaut de cette mention n'entraînerait pas la nullité du testament, la loi ne l'exigeant pas (3). Si le testateur est atteint d'une surdité complète, il ne peut entendre la lecture, mais on peut lui donner l'acte à lire (4), ce qui doit être mentionné, *supra* n° 56 et la formule en regard.

85. En cas que le testateur, par un empêchement survenu depuis la signature du testament, ne puisse signer l'acte de suscription, il est fait mention de la déclaration qu'il en a faite, sans qu'il soit besoin en ce cas d'augmenter le nombre des témoins (C. C. 976); il n'est pas nécessaire non plus que le testateur déclare la cause de l'empêchement (5), cependant, il est d'usage de le faire.

86. Si un septième témoin a été appelé en raison de ce que le testateur ne sait signer ou n'a pu le faire lorsqu'il a fait écrire ses dispositions, *supra* n° 67, on mentionne la déclaration faite par le testateur de la cause pour laquelle il ne signe pas, et l'on énonce la signature des sept témoins et du notaire.

87. Un testament qui se trouve nul comme testament mystique, en raison de l'inaccomplissement des formalités prescrites pour l'acte de suscription, est néanmoins valable, comme testament olographe, si la disposition intérieure est écrite en entier, datée et signée de la main du testateur (6).

88. L'écrit intérieur renfermant les dispositions du testateur participe à l'authenticité de l'acte de suscription; en conséquence, si l'écriture ou la signature est méconnue, ceux qui se prévalent du testament ne sont pas tenus d'en poursuivre la vérification, et le testament ne peut être attaqué que par la voie de l'inscription de faux (7).

89. Toutes les formalités constitutives de l'acte de suscription doivent être accomplies de suite et sans divertir à d'autres actes (C. C. 976); autrement dit, l'acte doit être fait en une seule séance, ce qu'il est utile de mentionner dans l'acte de suscription encore bien que la loi ne l'exige pas (8).

Et M. Hélin a signé avec les six témoins et le notaire, après lecture donnée, par Me Daix au testateur en présence des témoins.

Si le testateur ne peut signer par suite d'un empêchement survenu depuis la signature du testament :

M. Hélin, sur l'interpellation de signer que lui a faite Me Daix, a déclaré que, par suite de la paralysie dont il a été atteint depuis la signature de son testament, il ne peut signer; les six témoins et le notaire ont seuls signé après lecture donnée, etc. *(comme dessus.)*

Si le testateur ne sachant ou ne pouvant signer n'a pas signé ses dispositions :

M. Hélin, sur l'interpellation de signer que lui a faite Me Daix, a déclaré savoir lire, mais ne savoir écrire ni signer *(ou savoir signer mais ne le pouvoir à cause de la paralysie de son bras droit)*; les sept témoins et le notaire ont seuls signé après lecture donnée, etc. *(comme dessus.)*

Le tout a été fait de suite en une seule séance et, par conséquent, sans divertir à d'autres actes.

---

(1) Toullier, V, 485; Troplong, n° 1646; Demolombe, XXI, 367; Cass., 16 fév. 1814, 16 déc. 1834.

(2) Toullier, V, 483; Coin-Delisle, 976, 38; Marcadé, 976, 6; Troplong, n° 1632; Demolombe, XXI, 386; Cass., 20 juill. 1809; Pau, 19 déc. 1829; Toulouse, 1er mars 1836.

(3) Toullier, V, 481; Duranton, IX, 127; Coin-Delisle, 976, 41; Demolombe, XXI, 384.

(4) Dict. noct., *test.*, n° 402, 403. Voir Demolombe, XXI, 406.

(5) Demolombe, XXI, 385.

(6) Grenier et Bayle-Mouillard, II, 276; Toullier, V, 480; Duranton, IX, 438; Troplong, n° 1654; Massé et Vergé, § 440-23;

Demolombe, XXI, 409; Marcadé, 976, 1; Dict. not., *acte de susc.*, n° 403; Aix, 18 janv. 1808; Caen, 26 janv. 1826; Dijon, 28 fév. 1827; Cass., 6 juin 1815, 23 déc. 1828; CONTRA, Coin-Delisle, 976, 13; Poitiers, 28 mai 1824.

(7) Grenier et Bayle-Mouillard, II, 276; Toullier, V, 501; Duranton, IX, 145; Coin-Delisle, 976, 6; Troplong, n° 1652; Demolombe, XXI, 411; Metz, 8 mars 1821; Bordeaux, 9 sept. 1829; Besançon, 22 mai 1845; CONTRA, Bruxelles, 4 mars 1831.

(8) Duranton, IX, 130; Coin-Delisle, 976, 41; Marcadé, 976, 1; Bayle-Mouillard, I, 263; Troplong, n° 1651; Demolombe, XXI, 381; Dict. not., *acte de susc.*, n° 94; Cass., 8 fév. 1820; Bordeaux, 14 nov. 1839.

90. En cas que le testateur ne puisse parler mais qu'il puisse écrire, il peut faire un testament mystique, pourvu : 1° que le testament soit entièrement écrit, daté et signé de sa main; 2° qu'il le présente aux notaire et témoins, et 3° qu'au haut de l'acte de suscription il écrive en leur présence que le papier qu'il présente est son testament (C. C. 979).

91. Ce qui s'applique à quiconque ne peut parler, par suite de paralysie de la langue ou de toute autre cause accidentelle, comme aussi au muet de naissance et même au sourd-muet de naissance (1).

92. Après les formalités tracées *supra* n° 90, le notaire écrit l'acte de suscription dans lequel il est fait mention que le testateur a écrit les mots y indiqués en présence du notaire et des témoins; au surplus, on observe tout ce qui est prescrit par l'article 976 (C. C. 979).

93. Le sourd-muet ne peut entendre la lecture de l'acte, mais il peut y être suppléé en lui donnant l'acte à lire (2), ce qui doit être mentionné. Voici la formule applicable à ce cas : *Après que lecture du présent acte de suscription a été prise par M....., sourd-muet, et après lecture par M° ....., aux témoins, M..... a signé avec les témoins et le notaire.*

94. Le testament mystique régulier au moment où il a été fait, ne saurait être vicié pour les ratures, surcharges ou interlignes qui pourraient y être pratiquées par une main étrangère, lors de son ouverture après le décès du testateur. En pareil cas il appartient aux tribunaux de rechercher et de rétablir, en leur forme et leur sens primitifs, les clauses de ce testament (3).

§ III. — DU TESTAMENT OLOGRAPHE

95. On appelle *testament olographe* celui qui est l'œuvre exclusivement personnelle du testateur. Il n'est point valable s'il n'est écrit en entier, daté et signé de la main du testateur; la loi ne l'assujettit à aucune autre forme (C. C. 970).

96. L'*écriture* peut être faite avec de l'encre ou toute autre matière, même au crayon (4), en français ou en toute autre langue (5), sur une seule feuille de papier ou sur plusieurs; dans ce dernier cas, il suffit que la dernière feuille soit signée, s'il y a entre toutes les feuilles une liaison nécessaire (6).

97. Le testateur doit seul écrire; un mot écrit par une autre main serait une cause de nullité du testament (7), à moins que ce

Formule 3°

—

Acte de suscription par un testateur qui ne peut parler.

Écriture en haut de l'acte de suscription de la main du testateur.

Le papier que je présente est mon testament entièrement écrit, daté et signé de ma main. (*Signature*) PAR-DEVANT M°...

En présence de 1°... (six témoins)

A COMPARU : M...

Lequel a présenté à M°..., etc. (*Voir formule 2°.*)

Comme le testateur ne peut parler, il a écrit en tête des présentes, en présence d'un notaire et des six témoins, que le papier qu'il présente est son testament entièrement écrit, daté et signé de sa main.

En conséquence, M°... a écrit, etc. (*Voir même formule.*)

Formule 4°

—

Testament olographe

Je soussigné Léon-Charles GALLEY, propriétaire, demeurant à Paris, rue du Faubourg-Saint-Honoré, n° 45.

Ai fait mon testament ainsi qu'il suit :

---

(1) Toullier, V, 477; Demolombe, XXI, 400; Colmar, 7 fév. 1815.

(2) Dict. not., *test.*, 402, 403. Voir Troplong, n° 1649; Demolombe, XXI, 406; Bordeaux, 3 mai 1828.

(3) Cass., 11 mai 1869; *Rép. Gén.* Defrénois, n° 382.

(4) Coin-Delisle, 970, 23; Marcadé, 970, 2; Troplong, 1473; Demolombe, XXI, 422, Aix, 27 janv. 1846.

(5) Troplong, 1503; Demolombe, XXI, 420; Bordeaux, 26 janv. 1829.

(6) Troplong, 1473; Demolombe, XXI, 428; Rennes, 24 déc. 1849; Paris, 22 janv. 1850, 10 janv. et 21 juill. 1857; Cass., 21 juin 1842, 3 déc. 1850, 21 juin 1852, 4 août et 4 nov. 1857.

(7) Toullier, V, 357; Duranton, IX, 27; Troplong, 1467; Marcadé, 970, 2; Coin-Delisle, 970, 11; Demolombe, XXI, 63 à 69; Seine, 7 mai 1863.

ne soit à l'insu du testateur (1). Toutefois, on décide que le fait par le testateur, atteint de cécité ou d'un tremblement nerveux, de s'être fait aider d'une main étrangère pour la disposition matérielle de son écriture sur le papier, ne nuit pas à la validité du testament, pourvu que le tiers étranger n'ait pas conduit sa main afin de lui faire former les lettres (2).

98. Le testament olographe peut être écrit non-seulement sur du papier timbré ou libre ou sur des notes, sur un carnet, sur un registre de compte, en marge d'un livre imprimé, dans le cours d'un acte sous seing privé (3); mais encore sur quelque matière ou substance que ce soit, par exemple, du carton, du bois, du linge, une ardoise, une pierre, etc.; pourvu, dans tous les cas, qu'on y trouve la volonté de faire une disposition testamentaire.

99. La date est l'indication, qui peut être en chiffres (4), des jour, mois et an, et non pas seulement des mois et an (5). On la met habituellement à la fin de l'acte et avant la signature (6), encore bien qu'il soit permis de la mettre à toute autre place, même lorsque le testament est écrit sur plusieurs feuilles (7). Le renvoi écrit à la suite ou en marge ou par interligne est valable, quoique non daté, s'il se rattache au corps du testament par un lien intellectuel, a avec lui une corrélation évidente et se trouve contemporain du testament, de manière à être protégé par la date unique de ce testament (8). Il en est autrement et le renvoi est nul, s'il est établi par des présomptions graves et par la comparaison des écritures que le renvoi est postérieur au testament; alors il constitue une disposition nouvelle non valable faute d'être datée et signée (9).

100. Quand il est établi que le testateur a mis une fausse date à son testament, par exemple, s'il est d'une date antérieure à la mise en circulation du papier timbré sur lequel il l'a écrit (10), ou s'il l'a daté d'une époque postérieure à son décès ou d'un jour qui n'existe pas dans le calendrier, comme le 31 novembre (11), et qu'on ne puisse trouver dans le testament même les éléments nécessaires pour rectifier la date erronée (12), la fausseté ou l'erreur de date équivaut à l'absence de date, et le testament est nul (13). La date mise par le testateur sur l'enveloppe qui renferme le testament ne saurait suppléer à l'absence de date (14).

Je lègue à Laure AVENEL, ma femme, l'usufruit de l'universalité des biens et droits mobiliers et immobiliers qui composeront ma succession, en quoi qu'ils puissent consister et en quelque lieu qu'ils soient dus et situés, sans aucune exception.

Ce legs ne subira aucune réduction en cas d'existence d'ascendants; mais si je laisse des enfants ou autres descendants, il sera réduit à la moitié aussi en usufruit, des mêmes biens et droits.

Dans l'un comme dans l'autre cas, ma femme jouira de l'usufruit légué pendant sa vie, à compter du jour de mon décès, sans être tenue de fournir caution ni de faire emploi des valeurs mobilières, mais à la charge de faire faire inventaire.

Ou bien: Je lègue à Laure AVENEL, ma femme, la pleine propriété de l'universalité des biens et droits mobiliers et immobiliers qui composeront ma succession, en quoi qu'ils puissent consister et en quelque lieu qu'ils soient dus et situés, sans aucune exception.

Si je laisse des enfants ou autres descendants, ce legs

---

(1) Toullier, V, 358; Duranton, IX, 27; Marcadé, 970, 2; Troplong, 1468; Demolombe, XXI, 64, 65; Lyon, 17 août 1855, 25 nov. 1868; Cass., 22 juin 1857, 11 mai 1869; *Rép. Gén.* Defrénois, n° 377.

(2) Troplong, 1470; Demolombe, XXI, 61; Nancy, 19 fév. 1846; Paris, 21 avril 1848; Cass., 18 mars 1830, 28 juin 1847.

(3) Toullier, V, 361; Duranton, IX, 25; Coin-Delisle, 970, 23; Demolombe, XXI, 124; Nîmes, 21 janv. 1810; Paris, 4 août 1857, 14 août 1860.

(4) Toullier, V, 306; Duranton, IX, 31; Troplong, 1481; Demolombe, XXI, 81; Nîmes, 20 janv. 1810.

(5) Toullier, V, 362; Demolombe, XXI, 75, 86; Cass., 3 mars 1826; CONTRA Coin-Delisle, 970, 8.

(6) Duranton, IX, 42; Marcadé, 970, 3; Troplong, 1491; Demolombe, XXI, 145, 146; Paris, 13 août 1811, 22 avril 1828; Bordeaux, 12 janv. 1825; Rennes, 11 fév. 1830; Cass., 9 mai 1825, 11 mai 1831; Poitiers, 6 janv. 1864; voir cependant Toullier, V, 375.

(7) Cass., 17 juill. 1867, 7 juill. 1869; *Rép. Gén.* Defrénois, n° 378, 2°.

(8) Demolombe, XXI, 135; Cass., 18 août 1862; Orléans, 3 juill. 1858; Paris, 7 mars 1867; *Rép. Gén.* Defrénois, n° 378; Bordeaux, 23 janv. 1871; Cass., 13 nov. 1871; *ibid.*, t. II.

(9) Coin-Delisle, 970, 34; Marcadé, 970, 5; Demolombe, XXI, 434; Caen, 21 juin 1860; Lyon, 11 déc. 1860; Besançon, 19 juill. 1861; Dijon, 24 juill. 1861; Amiens, 6 fév. 1862; Cass., 27 juin 1860, 16 déc. 1861; Grenoble, 10 juin 1868; *Rép. Gén.* Defrénois, n° 378, 1°; Paris, 12 mai 1870, *ibid.*, t. II.

(10) Demolombe, XXI, 96; Amiens, 2 fév. 1860; Cass., 4 janv. 1847, 18 nov. 1856, 31 janv. 1859, 11 mai 1864; Montpellier, 5 janv. 1864, 11 déc. 1867; Cass., 28 juin 1869; *Rép. Gén.* Defrénois, n° 379, 1°; voir Nîmes, 24 janv. 1870, *ibid.*, t. II.

(11) Lyon, 25 fév. 1870; *Rép. Gén.* Defrénois, n° 379, 2°.

(12) Demolombe, XXI, 89; Rouen, 21 nov. 1854; Lyon, 22 fév. 1859, 3 mars 1869; Metz, 4 juill. 1867; Montpellier, 11 déc. 1867; Cass., 8 mai 1855, 6 août 1850, 18 janv. 1858, 9 et 28 juin 1869; *Rép. Gén.* Defrénois, n° 379.

(13) Troplong, 1484; Coin-Delisle, 970, 39; Demol., XXI, 87; Cass., 18 nov. 1856, 31 janv. et 18 août 1859, 20 fév. et 31 juill. 1860, 14 mai 1867.

(14) Demolombe, XXI, 87; Paris, 3 juin 1867; Cass., 9 juin 1869; *Rép. Gén.* Defrénois, n° 379, 3°.

101. Il n'est pas nécessaire d'indiquer le lieu où le testament a été rédigé (1); mais l'usage est de le mentionner.

102. La *signature* doit être celle dont le testateur fait usage; et s'il a l'habitude de signer son nom patronymique, la signature de son prénom serait insuffisante (2). Les ratures, surcharges, interlignes, renvois, ne sont soumis à aucune formalité d'approbation (3), cependant il est préférable de le faire.

103. Le testament olographe peut être fait en la forme d'une lettre missive, à la condition que cette lettre renferme la volonté définitive et arrêtée de faire un legs, ce qui est soumis à l'appréciation du juge (4).

sera réduit à la quotité disponible la plus large en pleine propriété et en usufruit, avec dispense en ce qui concerne l'usufruit de fournir caution et de faire emploi, mais à la charge de faire faire inventaire.

Fait et écrit de ma main à Paris, le huit juillet mil huit cent soixante-douze.

(Signature.)

CHAPITRE DEUXIÈME

DES LEGS

104. Les dispositions testamentaires sont, ou universelles, ou à titre universel, ou à titre particulier. — Chacune de ces dispositions, soit qu'elle ait été faite sous la dénomination d'institution d'héritier, soit qu'elle ait été faite sous la dénomination de legs, produit son effet suivant les règles ci-après établies pour les legs universels, pour les legs à titre universel et pour les legs particuliers (C. C. 1002). Ainsi, il est indifférent que l'on dise : *j'institue N... mon héritier*, ou *j'institue N... mon légataire universel*.

105. Dans les pays de droit écrit, on ne pouvait faire des dispositions de dernière volonté sans, au préalable, avoir fait une institution d'héritier; ces dispositions s'appelaient *codicilles*. Le Code ne reconnait plus de codicilles, mais seulement plusieurs testaments si le testateur a fait des dispositions à diverses dates. Néanmoins, dans le langage ordinaire, on continue d'appeler testament l'acte qui contient les principales dispositions du testateur, et codicille les actes par lesquels il y ajoute quelques autres dispositions.

§ Ier. — DU LEGS UNIVERSEL

106. Le legs universel est la disposition testamentaire par laquelle le testateur donne à une ou plusieurs personnes l'universalité des biens qu'il laissera à son décès (C. C. 1003). Si le legs universel est fait à plusieurs, il importe peu que ce soit par un seul ou par plusieurs testaments; pourvu, dans ce cas, qu'il résulte bien des testaments, l'intention d'instituer les divers légataires (5).

107. Pour que le legs soit universel, il faut l'entière exclusion de l'héritier légitime, de manière que si les autres dispositions du testateur sont nulles ou caduques, le légataire universel en profite à l'exclusion de l'héritier légitime (6). On ne saurait donc voir une disposition universelle, quand même le testateur n'aurait

Formule 5ᵉ

—

Legs universels

1° Legs de l'universalité à une seule personne.

Je lègue à Louis Bunin, mon neveu, étudiant en droit, demeurant à......, l'universalité des biens meubles et immeubles qui com-

---

(1) Toullier, V, 368; Duranton, IX, 23; Coin-Delisle, 970, 29; Troplong, n° 1480; Demolombe, XXI, 76; Cass., 6 janv. 1814; Bordeaux, 23 janv. 1829.

(2) Seine, 28 janv. 1869; *Rép. Gén.* Defrénois, n° 380.

(3) Toullier, V, 359; Duranton, IX, 28; Coin-Delisle, 970, 20; Demolombe, XXI, 134; Cass., 15 janv. 1834; Trib. Lyon, 28 nov. 1860; Paris, 12 mai 1870; *Rép. Gén.* Defrénois, t. II.

(4) Toullier, V, 378; Marcadé, 870, 5; Demolombe, XXI, 425; Paris, 25 mai 1852; Bourges, 8 fév. 1853; voir Cass., 13 juin 1866; Colmar, 5 juill. 1870; *Rép. Gén.* Defrénois. t. II.

(5) Seine, 20 nov. 1869; *Rép. Gén.* Defrénois, n° 381.

(6) Demolombe, XXI, 532; Cass., 29 nov. 1843, 17 août 1852, 3 mars 1857.

aucun autre bien, dans le legs d'une succession qui lui est échue ou de ses droits dans la communauté d'entre lui et son conjoint (1), d'objets déterminés à diverses personnes épuisant la totalité de sa succession (2).

108. Mais on doit considérer comme legs universels les suivants : 1° Celui fait sous cette dénomination, quoique grevé de legs particuliers absorbant la fortune du testateur (3) ; 2° Celui de l'universalité des biens en nue propriété (4) ; 3° La disposition par laquelle le testateur lègue *ce dont il peut disposer ou son disponible*, ou même *sa portion*, ou *sa quotité disponible* (5) ; 4° La disposition faisant suite à un ou plusieurs legs particuliers, par laquelle le testateur lègue le *surplus de ses biens*, ou *le restant*, ou *ce qui reste*, ou *l'excédant de ses biens s'il y en a* (6) ; si la disposition du surplus ou du restant était précédée d'un legs à titre universel, par exemple, le legs *à Paul d'un quart des biens et à Léon du surplus*, elle ne formerait plus un legs universel, mais des legs à titre universel (7), à moins que l'intention contraire ne résulte du testament (8). En tous cas, il est toujours préférable de préciser la volonté du testateur en ajoutant l'institution du legs universel.

109. La présence des héritiers à réserve n'ôte pas au legs son caractère de legs universel (9).

110. Si le legs universel est fait à plusieurs personnes, ce doit être collectivement, de manière qu'ils le recueillent tous conjointement, et que, si l'un ou plusieurs des légataires ne le recueillent pas, l'universalité demeure toute entière à ceux qui le recueillent. Il faut éviter, autant que possible, dans le legs universel à plusieurs personnes d'assigner les parts des légataires : *j'institue Pierre, Paul et Léon, mes légataires universels*. Toutefois, si le testateur a, dans une disposition accessoire ayant pour objet l'exécution de l'institution des legs, déterminé la part que chaque légataire prendra dans sa succession lors du partage, cette disposition ne change pas le caractère du legs ; exemple : *j'institue pour mes légataires universels Pierre, Paul et Léon, Pierre pour moitié, et Léon et Paul pour chacun un quart*, dans ce cas, si l'un d'eux ne recueille pas le legs, sa part accroît aux deux autres dans la proportion de leurs parts et portions (10).

111. Mais si l'assignation de parts est dans la disposition, le legs est à titre universel ; exemple : *Je lègue à Pierre la moitié des biens qui composeront ma succession, à Paul un quart des mêmes biens, et à Léon le dernier quart* (11). Selon quelques auteurs, il y

poseront ma succession. En conséquence, je l'institue mon légataire universel.

2° *Du disponible.*

Je lègue à Éloi DURAND, toute la portion disponible dans ma succession. — En conséquence, je l'institue mon légataire universel.

3° *Du surplus.*

Quant à tout le surplus de mes biens meubles et immeubles, après la délivrance des legs qui précèdent, je le lègue à Louis BUDIN, mon neveu, que j'institue, à cet effet, mon légataire universel.

4° *A plusieurs sans assignation de parts.*

Je lègue l'universalité des biens meubles et immeubles qui composeront ma succession, à mes trois neveux : Léon LEDUC, Charles et Louis BELIN, demeurant à.....

En conséquence, je les institue conjointement mes légataires universels.

5° *A plusieurs avec assignation de parts.*

Je lègue à Léon, Charles et Louis DURET, mes trois neveux, l'universalité des biens meubles et immeubles qui composeront ma succession. En conséquence,

---

(1) Demolombe, XXI, 533 ; Duranton, IX, 231 ; Coin-Delisle, 1003, 20 ; Cass., 9 avril 1834.

(2) Duranton, IX, 180 ; Demolombe, XXI, 534 ; Cass., 25 avril 1860.

(3) Demolombe, XXI, 535 ; Cass., 14 juill. 1830 ; Orléans, 22 avril 1847.

(4) Proudhon, *usuf.*, 475 ; Coin-Delisle, 1003, 16 ; Duranton, IX, 181 ; Demolombe, XXI, 538 ; Cass., 7 août 1827.

(5) Toullier, V, 679 ; Grenier et Bayle-Mouillard, II, 289 ; Duranton, IX, 182 ; Marcadé, 1003, 1 ; Coin-Delisle, 1003, 9 ; Troplong, 1774 ; Demolombe, XXI, 540 ; Cass., 25 mai 1834, 11 avril 1838 ; Douai, 26 août 1847 ; Chambéry, 17 janv. 1865.

(6) Duranton, IX, 179 ; Coin-Delisle, 1003, 8 ; Demolombe, XXI, 535, 542, 543 ; Douai, 26 août 1847 ; Cass., 25 nov. 1818, 5 mai

1842, 4 mai 1854, 9 août 1858 ; Paris, 9 janv. 1872 ; voir cependant Troplong, 1784 ; Orléans, 31 août 1831 ; Cass., 25 avril 1860, 8 janv. 1872 ; *Rép. Gén.* Defrénois, t. II.

(7) Toullier, V, 517 ; Duranton, IX, 186 ; Coin-Delisle, 1003, 8 ; Demolombe, XXI, 543 ; Bruxelles, 29 juill. 1809 ; voir aussi Cass., 11 avril 1838 ; Aix, 26 avril 1843 ; CONTRA Troplong, 1316.

(8) Cass., 5 mai 1852.

(9) Duranton, IX, 188 ; Demolombe, XXI, 536 ; Agen, 28 nov. 1827.

(10) Demolombe, XXII, 384 ; Bordeaux, 27 fév. 1844 ; Cass., 22 fév. 1841 ; 12 fév. 1862 ; Paris, 9 janv. 1872 ; *Rép. Gén.* Defrénois, t. II.

(11) Toullier, V, 505 ; Demolombe, XXI, 537 ; Cass , 18 mai 1825, 19 fév. 1861.

aurait là une question de fait et d'intention qui devrait se résoudre par l'interprétation des termes du testament et l'appréciation de l'ensemble des circonstances (1); ainsi, par exemple, l'assignation de parts n'enlève pas au legs son caractère de legs universel quand le testateur établit le droit d'accroissement, *infra* n° 186, pour le cas où l'un ou plusieurs des légataires ne le recueilleraient pas (2).

112. Tout legs pur et simple donne au légataire, du jour du décès du testateur, un droit à la chose léguée, droit transmissible à ses héritiers ou ayant cause (C. C. 1014). Ainsi, le légataire universel, à l'instar des héritiers légitimes, acquiert du jour du décès la propriété de tous les biens héréditaires s'il n'y a pas d'héritiers à réserve, ou la propriété indivise dans la proportion de la quotité disponible s'il y a des réservataires (3).

113. Lorsqu'au décès du testateur il y a des héritiers à réserve, ces héritiers sont saisis de plein droit, par sa mort, de tous les biens de la succession, et le légataire universel est tenu de leur demander la délivrance des biens compris dans le testament (C. C. 1004). Le testateur ne saurait le dispenser de l'obligation de faire cette demande en délivrance; une telle disposition serait réputée non écrite (4). Jusqu'à ce que le légataire ait obtenu la délivrance, il ne peut exercer aucune action, soit personnelle, soit réelle contre les débiteurs de la succession et les détenteurs des biens héréditaires (5); sauf, cependant, les mesures provisoires et urgentes qui peuvent être nécessaires pour sauvegarder ses droits, par exemple la nomination d'un administrateur provisoire (6).

114. Néanmoins, dans les mêmes cas, le légataire universel a la jouissance des biens compris dans le testament à compter du jour du décès, si la demande en délivrance a été faite dans l'année depuis cette époque; sinon, cette jouissance ne commence que du jour de la demande formée en justice, ou du jour que la délivrance a été volontairement consentie (C. C. 1005); et il ne doit supporter les intérêts des dettes que du jour de la jouissance. Le testateur peut par une disposition testamentaire donner, dans tous les cas, la jouissance au légataire, à compter du jour de son décès (7).

115. Mais lorsque, au décès du testateur, il n'y a pas d'héritiers à réserve, le légataire universel est saisi de plein droit, par la mort du testateur, sans être tenu de demander la délivrance (C. C. 1006), sauf aux héritiers ou autres intéressés à prendre des mesures conservatoires s'ils veulent attaquer le testament (8).

116. Il faut à la fois être héritier et avoir droit à la réserve pour faire obstacle à la saisine du légataire universel; en conséquence, ne sauraient y faire obstacle : 1° Les héritiers légitimes renonçants ou exclus comme indignes (9); 2° Les aïeuls, lorsque

je les institue conjointement mes légataires universels; et ils partageront ma succession dans la proportion de moitié pour Léon et un quart pour chacun de Charles et Louis.

6° Legs à des petits-enfants avec droit aux fruits du jour du décès.

Je lègue aux enfants de ma fille Louise LAVILLE, femme AUBRY, qui seront existants au jour de mon décès, toute la portion dont la loi me permet la disposition, de mes biens meubles et immeubles. En conséquence, je les institue mes légataires universels.

Dans le cas où l'un ou plusieurs de mes petits-enfants viendraient à décéder avant moi laissant des descendants, ceux-ci recueilleront les parts qui auraient été dévolues aux prédécédés, comme les représentant; et, en conséquence, seront mes légataires universels au lieu et place de leurs auteurs, à proportion de la part que ceux-ci auraient eue dans ma succession s'ils eussent survécu.

Mes petits-enfants et leurs descendants auront la pleine propriété et la jouissance des biens formant la part qu'ils recueilleront dans ma succession, à compter du jour de mon décès.

Et ils auront droit aux fruits et revenus de ces biens, à partir du même

---

(1) Coin-Delisle, *1044*, 7; Marcadé, *1044*, 1.

(2) Coin-Delisle, *1003*, 10.

(3) Demolombe, XXI, 549.

(4) Toullier, V, 494; Duranton, IX, 101; Coin-Delisle, *1004*, 6; Troplong, 1792; Demolombe, XXI, 553.

(5) Duranton, IX, 200; Demolombe, XXI, 555; Limoges, 29 déc. 1868; *Rép. Gén. Defrénois*, n° 401.

(6) Debelleyme, *Référés*, II, p. 307; Bordeaux, 4 avril 1855; Paris, 18 nov. 1871; *Rép. Gén. Defrénois*, t. II.

(7) Troplong, 1856; Demolombe, XXI, 645 à 648.

(8) Demolombe, XXI, 559; Rouen, 21 mai 1840; Bastia, 10 janv. 1849.

(9) Demolombe, XXI, 562.

la succession est dévolue à des frères et sœurs ou descendants d'eux (1); 3° Un enfant naturel, quoiqu'il ait droit à une réserve, puisqu'il n'est pas héritier (2).

117. Si le légataire universel recueille tous les biens par suite de la non existence d'héritiers à réserve, il est, comme l'aurait été l'héritier légitime, tenu au payement de toutes les dettes et des legs (3).

118. Dans le cas, au contraire, où le légataire universel est en concours avec un héritier auquel la loi réserve une quotité des biens, il est tenu des dettes et charges de la succession du testateur, personnellement pour sa part et portion, et hypothécairement pour le tout; et il est tenu d'acquitter tous les legs, sauf le cas de réduction, ainsi qu'il est expliqué aux art. 926 et 927 (C. C. 1009).

119. Le légataire universel, qu'il soit saisi de plein droit ou qu'il ne soit saisi que par la délivrance, est dans les deux cas assimilé à un héritier légitime; comme lui il est tenu *ultra vires* au payement des dettes et charges de la succession (4), et peut, soit accepter purement et simplement, soit renoncer, soit même accepter sous bénéfice d'inventaire (5).

120. Lorsque le testateur, au lieu de procéder par voie d'institution directe, c'est-à-dire, au lieu de faire directement un legs universel, procède par voie d'exclusion, la disposition profite aux parents non exclus. Ainsi, s'il exclut tous ses parents dans une ligne, c'est une disposition implicite en faveur des parents de l'autre ligne; s'il exclut quelques-uns de ses héritiers, c'est une disposition implicite en faveur de ses autres héritiers; enfin si, ayant des ascendants, il exclut tous ses parents collatéraux, ce sont ses ascendants qui se trouvent institués (6); quand même, dans tous les cas ci-dessus, le légataire aurait institué un légataire universel si le legs est devenu caduc (7). Mais il vaut toujours mieux préciser la volonté du testateur.

121. Décidé, à cet égard, que le legs universel fait aux parents de la ligne paternelle à l'exclusion de l'autre ligne, s'interprète en ce sens que les parents paternels sont appelés à la succession comme ils le seraient si le testateur était décédé *ab intestat*, et non tous les parents à quelque degré qu'ils soient (8); et que si les institués sont : *les enfants de un tel*, le mot enfants comprend non-seulement ceux du premier degré, mais encore ceux des degrés subséquents (9).

jour, sans être astreints, pour cela, à la demande en délivrance.

7° Legs à charge d'acquitter les dettes et les legs.

Je lègue à Hector Durand, mon cousin, toute la portion dont la loi me permet la disposition, des biens meubles et immeubles qui composeront ma succession. En conséquence, je l'institue mon légataire universel.

Comme condition de ce legs, je le charge :—1ment De supporter toutes les dettes dont ma succession sera grevée, moins les droits de succession à la charge de mes héritiers; — 2ment d'acquitter, sans réduction, les legs particuliers ci-après.

8° Legs universel par l'exclusion de successibles.

Je déclare expressément exclure de ma succession tous mes parents de la ligne maternelle (*ou* tous mes parents collatéraux). Voulant que ma succession soit en totalité dévolue à mes parents de la ligne paternelle (*ou* à mes ascendants existant au jour de mon décès), dans l'ordre où la loi les appellera à ma succession; à cet effet, je les institue pour mes légataires universels.

---

(1) Duranton, IX, 135; Troplong, 1811; Demolombe, XXI, 562; CONTRA Coin-Delisle, 1004, 5.

(2) Duranton, IX, 191; Demolombe, XXI, 564.

(3) Demolombe, XXI, 571.

(4) Toullier et Duvergier, V, 556; Taulier, IV, p. 150, 151; Demante, III, 24 bis; Bilhard, *Bénéf. d'inv.*, 27; Grenier et Bayle-Mouillard, I, 316; Coin-Delisle, 1009, 1; Troplong, n° 1836; Demolombe, XIII, 160; XV, 117; XXI, 560; Toulouse, 9 juin 1852; Cass., 16 avril 1839, 13 août 1851; Angers, 1er mai 1867; CONTRA Marcadé, *art.* 871, 1002, 2; Bugnet sur Pothier, VIII, p. 243; Tambour, *Bénéf. d'inv.*, p. 421; Mourlon, II, p. 408.

(5) Toullier, IV, 395; Bilhard, *Bénéf. d'inv.*, 28; Troplong 1836; Demolombe, XXI, 560; Cass., 13 août 1851; CONTRA Chabot 774, 14; Duranton, VII, 14; Marcadé, *art.* 871.

(6) Coin-Delisle, 895, 4; Massé et Vergé, § 416-13; Colmar, 22 juin 1831; Cass., 7 juin 1832; Bordeaux, 26 août 1850; voir aussi Rennes, 27 fév. 1860; Cass., 30 déc. 1861, 16 déc. 1862, 17 nov. 1863.

(7) Cass., 10 fév. 1869; *Rép. Gén.* Defrénois, n° 385.

(8) Grenoble, 18 fév. 1868; *Rép. Gén.* Defrénois, n° 386.

(9) Metz, 6 avril 1870; *Rép. Gén.* Defrénois, t. II.

§ II. — DU LEGS A TITRE UNIVERSEL

122. Le legs est à titre universel : 1° Quand le testateur lègue une quote-part telle qu'une moitié, un tiers, soit des biens dont la loi lui permet de disposer (C. C. 1010), soit des biens composant sa succession, soit encore des valeurs que son légataire universel ou à titre universel recueillera dans sa succession et comme charge de son legs (1) ; alors même que le legs d'une quote-part serait fait avec affranchissement de toutes contributions aux dettes (2).

123. 2° Quand le testateur lègue ou tous ses immeubles ou tout son mobilier, ou une quotité fixe de tous ses immeubles ou de tout son mobilier (C. C. 1010) ; Dans ce cas le legs doit être de l'universalité, ou d'une quote-part telle que moitié, un tiers, etc., d'une nature de biens. Si le legs est de tous les immeubles, il ne comprend pas les prix des immeubles vendus depuis le testament, qui sont de simples créances mobilières et ne sauraient être subrogés aux immeubles (3).

124. Lorsque le legs à titre universel est de l'universalité ou d'une quote-part du *mobilier*, il est nécessaire de se servir de l'expression : *biens meubles ou biens mobiliers*, car le mot *mobilier* employé seul peut ne pas être suffisant. En effet, dans le langage ordinaire on entend par *mobilier* les meubles corporels qui garnissent l'habitation ; et il a pu être décidé, par interprétation de la volonté du testateur, que le legs de *tous les meubles*, ou *des effets mobiliers*, ou *de tout le mobilier*, ne comprend que les biens meubles corporels et non l'argent comptant ni les valeurs et créances (4).

125. Le legs d'une quotité des biens que le testateur *laissera à son décès*, sans autre désignation, se calcule sur les seuls biens existants à l'époque de son décès, et, par conséquent, sans y réunir fictivement ceux dont il a disposé entre-vifs, même par avancement d'hoirie (5).

126. Il en est autrement si le testateur a légué soit la quotité disponible, soit une portion de la quotité disponible, soit une somme fixe ou un objet déterminé, soit même une quotité des biens lui appartenant. Dans ces divers cas, le calcul de la quotité disponible se fait sur une masse composée tant des biens existants que de ceux dont il a disposé entre-vifs (6) ; mais le legs ne se prend réellement que sur les biens existants au décès, puisque, selon l'art. 857, le rapport ne se fait jamais aux légataires.

Formule 6°

Legs à titre universel

1° Quote-part.

Je lègue à André BLOT, un quart des biens meubles et immeubles qui composeront ma succession.

2° Biens immeubles.

Je lègue à Victor DENEL, tous les biens immeubles que je laisserai à mon décès et qui dépendront de ma succession. — *Ou* un quart des biens immeubles, etc.

3° Biens meubles.

Je lègue à Fanny MORET, tous les biens et droits mobiliers quelconques que je laisserai à mon décès et qui se trouveront dans ma succession. — *Ou* un quart des biens et droits mobiliers, etc.

4° Quote-part avec ou sans réunion fictive.

Je lègue à Paul PETIT, un tiers des biens meubles et immeubles que je laisserai à mon décès et se trouveront dans ma succession ; et sans qu'il y ait lieu à la réunion fictive des biens dont j'aurai pu disposer. — *Ou* des biens meubles et immeubles qui formeront la masse de ma succession, à laquelle il sera fait la réunion fictive des biens donnés entre-vifs.

---

(1) Demolombe, XXI, 579 ; Cass., 27 mars 1855.

(2) Bayle-Mouillard, II, 288 ; Demolombe, XXI, 587 ; CONTRA Coin-Delisle, *1002*, 16.

(3) Douai, 24 février 1845.

(4) Demolombe, XXI, 585 ; Rouen, 6 août 1834 ; Cass., 3 mars 1836, 24 juin 1840 ; Dijon, 30 déc. 1869 ; *Rép. Gén.* Defrénois, t. II.

(5) Duranton, VII, 293 ; Paris, 7 mars 1840 ; Lyon, 16 mai 1867.

(6) Duranton, VII, 294 ; Coin-Delisle, *919*, 8 ; Troplong, 981 ; Cass., 8 juill. 1826, 13 mai et 19 août 1829, 8 janv. 1834, 2 mai 1838 ; Paris, 17 mars 1840 ; Colmar, 21 fév. 1855 ; CONTRA Toullier, IV, 465 ; Chabot, *857*, 4.

127. Les légataires à titre universel sont tenus de demander la délivrance aux héritiers à réserve, à leur défaut aux légataires universels; et à défaut de ceux-ci aux héritiers appelés dans l'ordre établi au titre *des successions* (C. C. 1011). Il doit faire cette demande même quand il n'y a pas d'héritiers à réserve, puisqu'il n'est jamais saisi.

128. Le légataire à titre universel a, comme le légataire universel, la jouissance des biens compris dans le testament à compter, non pas seulement du jour de la délivrance, conformément à l'art. 1011, mais du jour du décès si la demande en délivrance a été faite dans l'année; sinon du jour de la demande formée en justice ou de la délivrance volontairement consentie (1). Toutefois, en raison de la controverse, il est utile d'exprimer dans le testament la volonté du testateur à cet égard. Mais la question ne fait plus difficulté quand le légataire est un héritier à réserve qui ne saurait être astreint à former contre lui-même une demande en délivrance (2).

129. Le légataire à titre universel est tenu, comme le légataire universel, des dettes et charges de la succession du testateur, personnellement pour sa part et portion, et hypothécairement pour le tout (C. C. 1012), et même *ultra vires* (3), s'il n'a pas accepté sous bénéfice d'inventaire (4). Si un legs particulier a été mis à la charge du légataire à titre universel d'une quote-part, il ne doit pas moins contribuer au payement des dettes à proportion de cette quote-part et non pas seulement de son émolument (5).

130. Le légataire à titre universel, qui absorbe toute la quotité disponible, est, comme le légataire universel, *supra* n° 118, tenu d'acquitter tous les legs particuliers, sauf réduction (6). Si son legs n'est que d'une quotité de la portion disponible, il est tenu d'acquitter les legs particuliers par contribution avec les héritiers naturels (C. C. 1013), qui y contribuent à proportion de ce qui leur reste dans la quotité disponible, et non pas de la part qu'ils recueillent dans la succession totale (7). Si les héritiers ne sont pas réservataires, il contribue avec eux à proportion de la succession qui leur reste (8).

131. Le testateur est libre par ses dispositions testamentaires, de modifier de telle manière qu'il le juge à propos, le mode de contribution aux legs déterminé par la loi, pourvu qu'il n'entame pas la réserve des héritiers.

5° Jouissance du jour du décès du testateur.

M. Paul PETIT aura la pleine propriété et la jouissance des biens compris dans son legs, à compter du jour de mon décès.

En conséquence, il aura droit, à partir du même jour, aux fruits et revenus de ces biens, sans être tenu, à raison de cette jouissance, à l'obligation de former la demande en délivrance de son legs.

6° Charge de l'acquit des dettes et des legs.

Comme condition du legs à titre universel que je viens de lui faire, M. Paul PETIT supportera la totalité des dettes de ma succession à quelque somme qu'elles s'élèvent, en ce non compris les droits de succession à la charge de mes héritiers et de mes autres légataires, ni les frais relatifs au partage de ma succession.

Quant à mes legs particuliers et aux frais relatifs à leur délivrance, ils seront acquittés : par M. Paul PETIT pour moitié, comme charge de son legs; et par mes héritiers ou autres successeurs, pour le surplus.

---

(1) Grenier et Bayle-Mouillard, II, 297; Toullier, V, 515; Poujol, *1011*, 3; Taulier, IV, p. 153; Colmet de Sant., IV, 154 *bis*; Demolombe, XXI, 597, 598; CONTRA Coin-Delisle, *1015*, 11 ; Marcadé, *1006*, 2; Troplong, 1855; Saintespès, IV, 1394.

(2) Grenier et Bayle-Mouillard, II, 301; Toullier, V, 511 ; Coin-Delisle, *1015*, 20 ; Troplong, 1803 ; Nîmes, 5 janv. 1838 ; Bourges, 27 avril 1838 ; Limoges, 21 fév. 1839; Riom, 11 avril 1856; Montpellier, 23 mai 1858; voir cependant Demolombe, XXI, 649.

(3) Voir les autorités citées *supra*, page 27, note 4.

(4) Demolombe, XXI, 599.

(5) Chabot, *art. 871* ; Duvergier sur Toullier, V, 522; Demolombe, XVII, 33 ; CONTRA Toullier, V, 522; Duranton, VII, 433 ; Troplong, 1858; Demante, III, 205.

(6) Marcadé, *art. 1013*; Demolombe, XXI, 603.

(7) Bugnet sur Pothier, VIII, p. 295; Mourlon, II, p. 369; Marcadé, *art. 1013* ; Taulier, IV, p. 154 ; Saintespès, IV, 1406 ; Colmet de Santerre, IV, 156 *bis*; CONTRA Duranton, IX, 222 ; Demolombe, XXI, 606.

(8) Demolombe, XXI, 604.

§ III. — DES LEGS PARTICULIERS

132. Tout legs qui n'a pas pour objet l'universalité ou une quote-part de l'universalité, ni tous les immeubles ou tout le mobilier ou une quote-part des uns ou des autres, ne forme qu'une disposition à titre particulier (C. C. 1010). Ainsi ne forment que des dispositions à titre particulier, quand même le testateur n'aurait pas d'autres biens de la même nature (1) : 1° Le legs d'immeubles déterminés; 2° Le legs de toutes les terres de labour ou de toutes les vignes ou de toutes les maisons de campagne, ou encore de tous les immeubles que le testateur possède dans les colonies, dans telle commune, dans tel département; 3° Le legs d'une succession échue au testateur ou de ses droits dans une communauté de biens entre époux; 4° Le legs de tous les meubles existants dans une maison désignée (2), ou de tout le mobilier corporel dépendant de la succession du testateur, ou encore du restant du mobilier, défalcation faite d'objets légués (3).

133. Lorsque le legs est de tous les meubles et objets mobiliers corporels, de créances, de valeurs, de deniers comptant, etc., il faut préciser ce qu'il doit comprendre afin d'éviter toute interprétation sur son étendue. Voir à ce sujet ce qui est dit *supra* n° 124.

134. Le legs de l'usufruit de l'universalité ou d'une quote-part des biens que le testateur laissera à son décès, donnant seulement au légataire le droit de jouir des choses dont un autre a la propriété (C. C. 578), ne constitue pas un legs universel ni à titre universel, mais seulement un legs particulier (4).

135. On peut léguer toutes les choses qui sont dans le commerce, à la condition qu'elles soient transmissibles par succession et que le légataire ait la capacité nécessaire pour les recueillir.

136. Lorsque le legs est d'une créance déterminée, il peut être considéré comme ayant pour objet non-seulement le titre de la créance, mais la valeur même de la créance; il ne devient donc pas caduc par le remboursement ou l'extinction par compensation de la créance léguée (5); cependant il est préférable de le préciser. — Le legs de tout ce que le testateur possédera d'argent au jour de son décès, comprend les espèces monnayées et les billets de banque, mais ne s'étend pas aux créances (6).

Formule 7°

Legs particuliers

1° Immeuble.

Je lègue à N... ma maison, située à ..., rue... n°...

2° Maison et mobilier.

Je lègue à N... ma maison, située à ..., avec tous les meubles meublants, objets mobiliers, argenterie, linge, bijoux, et généralement tous les meubles corporels quelconques qui la garniront lors de mon décès, sans aucune exception.

Ou je lègue à N... tous les meubles meublants, etc. (*comme dessus*), qui dépendront de ma succession.

3° Usufruit.

Je lègue à N... l'usufruit, pendant sa vie avec dispense de caution, de ma maison, située à ...

4° Objet déterminé.

Je lègue à N... mon tableau à l'huile représentant *Moïse sauvé des eaux.*

5° Créance.

Je lègue à N... une créance au capital de cinq mille francs qui m'est due par ..., avec les intérêts du jour de mon décès. Ou si j'en suis remboursé, une somme de 5,000 fr. qui lui sera payée dans les trois mois de mon décès, sans intérêt.

---

(1) Toullier, V, 150; Marcadé, *1010*, 3; Coin-Delisle, *1003*, 14; Troplong, 1849; Demolombe, XXI, 533, 582-584; Cass., 15 juin 1868; Trib. Soissons, 29 juill. 1868; *Rép. Gén.* Defrénois, n° 357.

(2) Demolombe, XXI, 533, 583; Rouen, 21 fév. 1842.

(3) Cass., 20 juin 1851.

(4) Proudhon, *usuf.*, 475; Duvergier sur Toullier, V, 432; Coin-Delisle, *1003*, 14 et 17; Marcadé, *1010*, 3; Demolombe, X,

258, XXI, 586; Saintespès, IV, 1381; Bordeaux, 19 fév. 1853; Riom, 26 juill. 1862; Nîmes, 30 avril et 21 déc. 1866; Agen, 19 déc. 1866; CONTRA Troplong, 1848; Paris, 21 fév. 1826; Rouen, 2 mars 1853; Poitiers, 22 juill. 1861; Cass., 7 août 1827, 8 déc. 1862.

(5) Cass., 8 déc. 1852; Grenoble, 19 juin 1846, 16 mai 1870; *Rép. Gén.* Defrénois, t. II.

(6) Angers, 11 mars 1870; *Rép. Gén.* Defrénois, t. II.

137. Lorsque le testateur a légué la chose d'autrui, le legs est nul, soit que le testateur ait connu ou non qu'elle ne lui appartenait pas (C. C. 1021). Il en est ainsi du legs d'un immeuble appartenant à un tiers (1), quand même il serait l'héritier du testateur ou son légataire universel ou à titre universel (2), à moins qu'il ne lui ait imposé l'obligation de le livrer sous forme de condition ou de charge (3). Le legs serait également nul lors même que le testateur aurait chargé son héritier d'acheter l'immeuble pour le livrer au légataire (4); mais s'il l'a chargé de l'acheter moyennant tel prix, et que le tiers en demande un prix plus élevé ou refuse de le vendre, le légataire a droit à la remise de la somme fixée (5).

138. On ne considère pas comme legs de la chose d'autrui : 1° le legs de quantités ou de choses indéterminées, comme une somme d'argent, des denrées, des bestiaux, etc. (6), même d'une somme cumulée, pendant la vie d'un légataire en usufruit, à payer par sa succession (7); 2° le legs d'un immeuble qui, lors du testament, appartenait à un tiers, mais dont le testateur est devenu propriétaire par la suite (8); 3° le legs de la chose d'autrui sur laquelle le testateur avait un droit futur certain ou même conditionnel (9); ainsi le legs de l'usufruit de tous les biens que le testateur laissera dans sa succession, comprend même l'usufruit des biens qui, au jour de son décès, ne lui appartiennent qu'en nue propriété comme étant grevés d'un usufruit au profit d'un tiers (10).

139. Quand le testateur a légué pour partie ou pour le tout une chose dont il avait la copropriété indivise avec un tiers, et que l'indivision a cessé du vivant du testateur par partage ou licitation, le legs doit recevoir son exécution si c'est le testateur qui en est devenu propriétaire; il est nul si c'est à son copropriétaire qu'il est échu (11). Si l'indivision subsiste encore, il faut distinguer : s'agit-il de la propriété d'une chose unique, le droit passe au légataire tel qu'il appartenait au testateur, pour l'exercer de la même manière que celui-ci (12); mais si, au contraire, il s'agit d'une universalité indivise dont la chose léguée fait partie, le sort du legs dépend de l'issue du partage (13).

140. Lorsque celui qui a légué la propriété d'un immeuble, l'a ensuite augmenté par des acquisitions, ces acquisitions fussent-elles contiguës, ne sont pas censées, sans une nouvelle disposition, faire partie du legs (C. C. 1019). Ainsi, quand le legs est d'une

6° *Immeuble appartenant à un tiers.*

Connaissant le désir de X..., de se rendre acquéreur d'une maison située à ..., appartenant à Z..., je charge N..., mon légataire universel, d'acheter cet immeuble au nom de X..., et de le remettre à ce dernier, pourvu que le prix en principal et frais n'excède pas 10,000 fr.; et si le prix est moindre, N... ne sera pas tenu de verser la différence. Si Z... refusait de vendre sa maison, ou s'il en demandait un prix supérieur à 10,000 fr., contrat en main, X... aurait droit à une somme de 10,000 fr., qui lui sera versée dans les six mois de mon décès, sans intérêt.

7° *Chose indivise.*

Je lègue à N... ma moitié dans une maison située à ..., indivise entre X... et moi. Ou la maison entière, si j'en deviens propriétaire, à charge de tenir compte à ma succession du prix d'achat de l'autre moitié. En cas de vente de ma moitié, j'en lègue le prix à N..., pour le toucher du débiteur ou de ma succession.

8° *Maison avec enclos et terrain.*

Je lègue à N... ma maison située à ..., avec le

---

(1) Coin-Delisle, *1021*, 4 ; Marcadé, *1021*, 11 ; Demolombe, XXI, 685 ; voir cependant Mourlon, II, p. 374.

(2) Taulier, IV, p. 159 ; Troplong, 1948 ; Colmet de Santerre, IV, 166 *bis* ; Demolombe, XXI, 687 ; Bruxelles, 12 oct. 1821 ; Cass., 19 mars 1822 ; CONTRA Toullier, V, 517 ; Duranton, IX, 251 ; Coin-Delisle, *1021*, 17 ; Saintespès, IV, 1489 ; Paris, 5 juin 1820 ; Bastia, 3 fév. 1836.

(3) Toullier, V, 517 ; Duranton, IX, 251 ; Troplong, 1949 ; Demolombe, XXI, 688 ; Cass., 19 mars 1822, 29 mars 1837 ; Bastia, 3 fév. 1836 ; Orléans, 31 mars 1849.

(4) Coin-Delisle, *1021*, 2 et 10 ; Marcadé, *1021*, 1 ; Bayle-Mouillard, II, 349 ; Saintespès, IV, 1482 ; Demolombe, XXI, 684 ; CONTRA Mourlon, II, p. 374.

(5) Toullier, V, 517 ; Duranton, IX, 251 ; Coin-Delisle, *1021*, 9 ; Troplong, 1948 ; Demolombe, XXI, 682.

(6) Marcadé, *1021*, 1 ; Coin-Delisle, *1021*, 8 ; Demolombe XXI, 680.

(7) Cass., 31 mars 1868 ; *Rép. Gén.* Defrénois, n° 389.

(8) Demolombe, XXI, 680.

(9) Cass., 24 mars 1869 ; *Rép. Gén.* Defrénois, n° 390.

(10) Proudhon, *usuf.*, 302 ; Duranton, IX, 255 ; Saintespès, 1488 ; Demolombe, XXI, 690 ; Rouen, 20 déc. 1852 ; Rennes, 19 mars 1853 ; Bordeaux, 16 juin 1863.

(11) Duranton, IX, 249 ; Coin-Delisle, *1021*, 14 ; Troplong, 1952 ; Demolombe, XI, 692.

(12) Duranton, IX, 248 ; Coin-Delisle, *1021*, 12 ; Troplong, 1951 ; Demolombe, XXI, 694.

(13) Marcadé, *1021*, 2, 3 ; Colmet de Santerre, IV, 166 *bis* ; voir cependant Duranton, IX, 249 ; Troplong, 1953 ; Demolombe, XXI, 695.

maison à laquelle le testateur a ajouté un jardin séparé par une rue, ce jardin n'est pas l'accessoire obligé de la maison, et si le testateur veut le comprendre dans le legs, il faut qu'il le déclare par une disposition nouvelle (1); mais si le legs est d'une ferme à laquelle le testateur a ajouté une pièce de terre contiguë, provenant d'un achat fait depuis la confection du testament, cette pièce de terre est considérée comme s'étant incorporée à la ferme et en est l'accessoire (2).

141. Il en est autrement : 1° des embellissements ou des constructions nouvelles faites dans le fond légué (C. C. 1019), c'est-à-dire de toutes constructions élevées par le testateur, quand même le fonds légué serait tout à fait nu (3); — 2° d'un enclos dont le testateur a augmenté l'enceinte (*même art.*), soit avec des terrains dont il était déjà alors propriétaire, soit avec des terrains acquis depuis.

142. Lorsque le testateur lègue tous les immeubles qu'il possède dans *telle* commune, le legs ne comprend pas les nouveaux immeubles qu'il a acquis dans cette commune depuis la confection du testament; mais si le legs est de tous les immeubles que le testateur possédera au jour de son décès dans telle commune, il comprend les nouveaux immeubles (4).

143. Lorsque le legs est d'une chose indéterminée, comme un cheval, une pièce de vin, un sac de blé, etc., l'héritier n'est pas obligé de la donner de la meilleure qualité, et il ne peut l'offrir de la plus mauvaise (C. C. 1022); à moins qu'il ne s'agisse du legs indéterminé de choses à prendre parmi celles d'une certaine espèce qui se trouvent dans la succession, dans ce cas, l'héritier peut offrir celle des choses qui a le moins de valeur (5). Mais quand le testateur a accordé le droit de choisir, si c'est au légataire, il peut demander le meilleur, si c'est à l'héritier, il peut donner le plus mauvais (6).

144. Le legs fait au créancier n'est pas censé en compensation de sa créance, ni le legs fait au domestique en compensation de ses gages (C. C. 1023); mais cette présomption cesse devant la volonté contraire du testateur manifestée d'une manière expresse dans son testament.

145. Si le testateur lègue à son débiteur la créance qu'il a contre lui, le legs a pour effet d'éteindre la dette du jour du décès, par conséquent est *libératoire*, et le légataire cesse d'en devoir les intérêts sans qu'il ait besoin de demander la délivrance (7); il importe peu qu'il ait reconnu la dette depuis le décès du testateur, ou ait été condamné à la payer, si le testament a été découvert depuis (8).

jardin y attenant enclos de murs et de haies, ensemble d'une contenance de..., et les terrains contigus que je pourrai acquérir par la suite, alors même qu'ils n'auraient pas été réunis à l'enclos; le tout devant former une propriété qui fait l'objet du présent legs. Ensemble toutes les augmentations et les constructions nouvelles que je pourrai faire par la suite, tant sur l'immeuble actuel que sur les terrains contigus que j'y aurai ajoutés.

9° Immeubles dans une commune.

Je lègue à N... tous les immeubles que je posséderai lors de mon décès dans la commune de V...

10° Chose indéterminée.

Je lègue à N..., deux hectolitres de blé, qualité moyenne ; (ou deux hectolitres de blé, à son choix); mon légataire universel lui en fera la remise dans le mois de mon décès.

11° Legs domestique.

Je lègue à N..., s'il est encore à mon service lors de mon décès, une somme de mille francs, en sus de ce que je pourrai lui devoir à cette époque.

12° Legs libératoire.

Je lègue à N..., la somme de trois mille francs montant de ma créance contre lui, avec tous intérêts et accessoires, qu'il pourra devoir lors de mon décès.

---

(1) Demolombe, XXI, 719.

(2) Mourlon, II, p. 872; Taulier, IV, p. 463; Demolombe, XXI, 720; CONTRA Toullier, V, 535; Coin-Delisle, 1019, 4.

(3) Toullier, V, 534; Duranton, IX, 267; Coin-Delisle, 1019, 10; Troplong, 1940; Saintespès, 1473; Demolombe XXI, 714; CONTRA Vazeille, 1019, 5; Bayle-Mouillard, II, 317; Marcadé, 1019, 2.

(4) Coin-Delisle, 1019, 5; Troplong, 1938; Demolombe, XXI, 721; Cass., 10 juin 1835, 22 janv. 1839.

(5) Toullier, V, 527; Troplong, 1963; Demolombe, XXI, 733; Aix, 18 avril 1833.

(6) Toullier, V, 528; Duranton, IX, 264; Coin-Delisle, 1022, 3; Troplong, 1963; Demolombe, XXI, 735.

(7) Taulier, IV, p. 462; Demolombe, XXI, 620.

(8) Bourges, 12 juill. 1810.

146. Si une reconnaissance de dette est faite par testament, elle n'ouvre pas d'action judiciaire contre le testateur; il en est ainsi à plus forte raison si le testament a été fait pendant la minorité du testateur (1).

147. La chose léguée est délivrée : 1° avec les accessoires nécessaires (C. C. 1018), qu'ils résultent de *la loi*, comme les objets immeubles par destination, les clefs d'un bâtiment, les titres de propriété, etc., ou de l'*intention du testateur*, comme le droit de passage sur les fonds du testateur, si l'objet légué est un immeuble enclavé dans ses terres (2); — 2° dans l'état où elle se trouve au jour du décès du testateur (*même art.*), en ce sens que le légataire supporte les détériorations ou profite des augmentations survenues à la chose avant le décès (3).

148. Le légataire particulier ne peut se mettre en possession de la chose léguée, ni en prétendre les fruits ou intérêts, qu'à compter du jour de sa demande en délivrance formée suivant l'ordre établi par l'art. 1011, *supra* n° 127, ou du jour auquel cette délivrance lui aurait été volontairement consentie (C. C. 1014); à moins : 1° que le légataire, lors du décès du testateur, ne soit à un titre quelconque en possession de la chose léguée (4), à plus forte raison s'il a été laissé sciemment et volontairement par les héritiers du testateur dans la jouissance paisible de l'objet légué (5); 2° que le légataire ne soit à un autre titre copropriétaire par indivis du bien légué; 3° que le legs ne soit fait par préciput à l'un des successibles (6); 4° que la demande en délivrance n'ait été retardée par quelque manœuvre de l'héritier qui aurait caché l'existence du testament (7).

149. Si la chose léguée produit des fruits civils, comme ils s'acquièrent jour par jour, le légataire y a droit à partir du jour de la demande en délivrance; si elle produit des fruits naturels et industriels, ceux qui sont pendants par branches ou par racines au jour de la demande appartiennent au légataire sans indemnité; mais il n'a droit à aucune indemnité si la récolte a été faite par l'héritier avant la demande en délivrance (8).

150. Quand le legs est d'une somme d'argent, le légataire a droit à l'intérêt du jour de la demande en délivrance; mais non si le legs est d'un meuble meublant, un bijou ou autre objet mobilier corporel (9).

151. Les intérêts ou fruits de la chose léguée, en outre des cas indiqués *supra* n° 148, courent au profit du légataire dès le jour du décès, et sans qu'il ait formé sa demande en justice : 1° lorsque le testateur a expressément déclaré sa volonté à cet égard dans le testament (C. C. 1015), en stipulant que le légataire aurait

13° *Dette reconnue.*

Je dois à X... une somme de 1,000 fr., qui lui sera payée dans les six mois de mon décès.

14° *Terrain enclavé.*

Je lègue à N..., 60 ares de terre à prendre du côté attenant à... dans la pièce située à..., avec le droit de passage sur le surplus pour l'exploitation en labour de la parcelle léguée.

15° *Terre. Récolte.*

Je lègue à N..., une pièce de terre labourable, contenant... située commune de X... lieu dit... section... n°... du plan cadastral, dans l'état où elle se trouvera au jour de mon décès. En conséquence, N... en aura la pleine propriété et la jouissance à compter de mon décès; et si, à cette époque, elle est chargée de récoltes pendantes par branches ou par racines, elles appartiendront à N..., sans qu'il ait besoin pour cela de former de demande en délivrance.

16° *Legs d'argent.*

Je lègue à N..., dix mille francs qui lui seront payés dans les six mois de mon décès, avec intérêt à 5 p. 100 du même jour.

17° *Rente viagère.*

Je lègue à N..., une

---

(1) Troplong, 2060; Demolombe, XXII, 130; Saintespès, V, 1604; Bordeaux, 14 déc. 1849.
(2) Marcadé, art. 1018; Demolombe, XXI, 703.
(3) Demolombe, XXI, 708.
(4) Grenier et Bayle-Mouillard, II, 304; Toullier, V, 541; Proudhon, *usuf.*, 386; Coin-Delisle, 1015, 27; Marcadé, 1015, 2; Saintespès, 1423; Limoges, 21 février 1839 et 5 juin 1846; Bourges, 27 janv. 1838; Paris, 9 janv. 1840; CONTRA Duranton, IX, 272; Demolombe, XXI, 648; Duvergier sur Toullier, V, 541; Cass., 9 nov. 1831.

(5) Limoges, 11 déc. 1837; Cass., 19 déc. 1840; Riom, 11 avril 1856.
(6) Grenier et Bayle-Mouillard, II, 305; Toullier, V, 542; Coin-Delisle, 1006, 15; Marcadé, 1015, 2; Taulier, IV, p. 162; CONTRA Demolombe, XXI, 649.
(7) Duranton, IX, 192; Coin-Delisle, 1015, 12; Saintespès, IV, 1419; Troplong, 1882; Demolombe, XXI, 636.
(8) Coin-Delisle, 1015, 13; Bayle-Mouillard, II, 298; Saintespès, IV, 1427; Demolombe, XXI, 639.
(9) Saintespès, IV, 1428; Demolombe, XXI, 642.

la pleine propriété et la jouissance du jour du décès, ou en le dispensant de demander la délivrance (1) ; — 2° lorsqu'une rente viagère ou une pension a été léguée à titre d'aliments (*même art.*); mais le legs d'un capital à titre d'aliments ne produirait pas d'intérêts du jour du décès (2).

152. Il est de principe que le légataire particulier n'est point tenu des dettes de la succession (C. C. 1024), pas même de celles qui auraient pour cause l'amélioration, la conservation ou l'acquisition de la chose léguée (3). Mais il en serait tenu si les dettes avaient été mises à sa charge par une disposition formelle du testament (4), ou si elles étaient inhérentes à la chose léguée, par exemple, s'il s'agit d'un cautionnement simplement hypothécaire à la garantie de la dette d'un tiers (5), ou du legs de droits dans une succession ou une communauté (6).

153. Le légataire peut encore être atteint, d'une manière indirecte, par les dettes de la succession, quand après l'acquit du passif de la succession, les biens qui restent dans la succession sont insuffisants pour l'acquit de tous les legs (7).

154. Dans ce cas, comme dans celui où les legs dépassent la valeur de la quotité disponible, il y a lieu à réduction (*supra* n° 118 et C. C. 1024).

155. Le légataire particulier d'un immeuble, encore bien qu'il ne soit point tenu des dettes hypothécaires qui grèvent cet immeuble (8), est un tiers détenteur; et à ce titre il doit souffrir l'action hypothécaire des créanciers (C. C. 1024). Mais s'il acquitte la dette ou s'il est exproprié, il a un recours contre les héritiers ou autres successeurs et tous les autres débiteurs (9).

156. Si, avant le testament ou depuis, la chose léguée a été hypothéquée pour une dette de la succession, ou même pour la dette d'un tiers, ou si elle est grevée d'un usufruit, celui qui doit acquitter le legs n'est point tenu de la dégager, même après l'échéance, tant que le légataire n'est pas inquiété (10); à moins qu'il n'ait été chargé de le faire par une disposition expresse du testateur (C. C. 1020), non équivoque, sans cependant être soumise à une forme sacramentelle.

157. Les héritiers du testateur, ou autres débiteurs d'un legs, sont personnellement tenus de l'acquitter, chacun au prorata de la part et portion dont ils profitent. Ils en sont tenus hypothécairement pour le tout, jusqu'à concurrence de la valeur des immeubles de la succession dont ils sont détenteurs (C. C. 1017). L'action est donc à la fois personnelle, réelle et hypothécaire : *personnelle*, en ce que les héritiers ou autres débiteurs du legs, en acceptant la succession ou la disposition testamentaire qui en est grevée, sont tenus personnellement de l'acquitter, chacun au prorata de sa part

rente viagère de mille francs, exempte de toute retenue, payable de trois en trois mois, les..., à compter du jour de mon décès.

18° Immeuble grevé de dettes. Charges.

Je lègue à N..., ma maison située à..., à la charge d'acquitter les sommes ci-après qui la grèvent par privilége et hypothèque, ou ce qui resterait dû de ces sommes à l'époque de mon décès, savoir :

1° La somme de 5,000 fr. restée due sur le prix de la vente qui m'a été faite de ladite maison, par contrat devant Mᵉ..., du...

2° Celle de quatre mille francs, montant d'un prêt que m'a fait M..., par acte devant Mᵉ..., du...

Les intérêts seront à la charge de N..., à partir du jour de mon décès.

19° Hypothèque.

Je lègue à N..., ma maison située à V..., hypothéquée à la garantie d'un cautionnement de... dus par X... à Z...; elle devra en être dégrevée dans les six mois de mon décès.

20° Acquit des legs particuliers.

Les legs particuliers qui précèdent seront acquittés par mes légataires universels, à proportion de leurs quotes-parts dans ma succession.

---

(1) Troplong, 1856; Demolombe, XXI, 645 à 648; Douai, 8 mai 1847.

(2) Demolombe, XXI, 652.

(3) Demolombe, XXI, 655; Cass., 27 janv. 1852.

(4) Demolombe, XXI, 656; Cass., 17 mai 1809.

(5) Demolombe, XVIII, 296; Cass., 23 nov. 1812, 10 août 1841; Bordeaux, 31 août 1850; CONTRA Troplong, *cautionn.*, 416; Ponsot, *ibid.*, 22; Bruxelles, 2 avril 1819.

(6) Marcadé, *art.* 1024; Proudhon, *usuf.*, 1483; Duranton, IX, 230; Troplong, 1984; Demolombe, XXI, 657.

(7) Demolombe, XXI, 660; Cass., 18 juin 1862.

(8) Chabot, 874, 3; Duranton, IX, 237; Coin-Delisle, 1020, 3; Demolombe, XXI, 727; Bordeaux, 31 janv. 1850; Cass., 15 juill. 1870; Rép. Gén. Defrénois, t. II; CONTRA Marcadé, *art.* 1020.

(9) Chabot, 874, 3; Duranton, IX, 237; Coin-Delisle, 1020, 3; Marcadé, *art.* 1020; Troplong, 1988; Demolombe, XXI, 659; Bordeaux, 31 janv. 1850.

(10) Coin-Delisle, 1020, 1; Troplong, 1943; Demolombe, XXI, 727.

et portion dans la succession, mais déduction faite des dettes et non *ultra vires* (1) ; toutefois, il a été jugé que le legs particulier d'une rente viagère imposé à plusieurs légataires conjointement et à la charge de fournir des sûretés pour le payement, constitue une obligation solidaire et indivisible (2) ; — *réelle*, quand le legs consiste en un corps certain, le légataire en étant propriétaire dès l'instant du décès ; — *hypothécaire*, en ce que le légataire a une hypothèque existant de plein droit, en vertu de l'art. 1017, sur chacun des immeubles de la succession, et par suite de laquelle chacun des héritiers ou autres successeurs est tenu pour le tout à l'acquit du legs, sur les immeubles entrés dans son lot ; cette hypothèque est indépendante du privilège de la séparation des patrimoines (3), mais elle ne prend rang que du jour de l'inscription.

158. Le testateur peut affranchir son héritier de l'hypothèque et n'attribuer à son légataire qu'une action purement personnelle ou seulement une hypothèque spéciale sur un seul immeuble (4).

159. S'il n'y a point d'immeubles dans la succession, les légataires particuliers n'ont pas le droit d'exiger une caution des héritiers ni du légataire universel (5), ni une hypothèque sur les immeubles personnels de ce dernier (6).

160. Si la succession dévolue à un légataire universel ne se compose que de la nue propriété de biens, il est néanmoins tenu d'acquitter immédiatement les sommes léguées à titre particulier, purement et simplement (7).

161. Les droits d'enregistrement (c'est-à-dire les droits de mutation après décès), sont dus par le légataire s'il n'en a été autrement ordonné par le testament ; chaque légataire peut acquitter séparément les droits à sa charge (C. C. 1016).

162. Si le testateur déclare le légataire indemne des droits de mutation, ces droits sont à la charge de la succession, sans cependant qu'il puisse en résulter de réduction de la réserve légale. Le légataire d'une rente viagère est indemne de ces droits lorsque le testament porte que la rente sera franche de toute espèce de retenue, sous quelque dénomination que ce puisse être (8) ; il en est autrement du legs d'une rente déclarée simplement exempte de toute dette (9).

163. Quant à l'honoraire proportionnel dû au notaire rédacteur ou dépositaire du testament, il est, suivant une jurisprudence qui tend à s'établir, à la charge du légataire (10) ; à moins que le testateur ne l'ait déclaré indemne de tous frais.

Toutefois il y aura solidarité entre eux pour le service de la rente viagère de mille francs léguée à N...

Les légataires de sommes d'argent devront se contenter de la garantie personnelle de mes légataires universels et ne pourront prendre aucune inscription sur les biens de ma succession.

En ce qui concerne la rente viagère de mille francs léguée à N..., elle sera garantie par hypothèque sur ma ferme de..., située à..., et cette hypothèque sera inscrite au bureau de..., dans les trois mois de mon décès. Toutefois les légataires universels pourront empêcher cette inscription, ou si elle est prise, en exiger la radiation, en faisant immatriculer mille francs de rente 3 p. 100 sur l'Etat français, au nom de N... pour l'usufruit.

24° Legs indemne de frais et de droits de mutation.

Les droits de mutation et tous frais afférents à la rente viagère de mille francs léguée à N..., seront acquittés par ma succession, de manière qu'il soit indemne de tous droits et de tous frais et honoraires quelconques.

(1) Marcadé, 1017, 2 ; Bugnet sur Pothier, VIII, p. 210 ; Tambour, *Bénéf. d'inv.*, p. 280 ; Cass., 13 août 1851 : CONTRA Duranton, VI, 462 ; Taulier, IV, p. 149 ; Troplong, 1843 ; Demolombe, XIII, 522.

(2) Paris, 7 août 1841.

(3) Troplong, *Priv.*, 422 bis ; Mourlon. *Exam. crit. priv.*, 306 ; Demolombe, XVII, 217, XXI, 673 ; CONTRA Grenier, II, 311 ; Toullier, V, 567 ; Duranton, IX, 386.

(4) Demolombe, XXI, 674 ; Bordeaux, 27 fév. 1840 ; Angers, 22 nov. 1850 ; Bruxelles, 16 juill. 1831.

(5) Nîmes, 22 avril 1812 ; *Rép. Gén.* Defrénois, n° 388.

(6) Cass., 20 janv. 1868 ; *Rép. Gén.*, *ibid.*

(7) Comp. Paris, 25 juill. 1868 ; Orléans, 13 janv. 1869 ; *Rép. Gén.* Defrénois, n° 393.

(8) Paris, 17 janv. 1853.

(9) Trib. Grenoble, 29 août 1868 ; *Rép. Gén.* Defrénois, n° 391.

(10) Dict. not., *Test.*, n° 771, et *Legs*, n° 290 ; Trib. Réole, 20 mars 1835 ; Brignole, 13 août 1856 ; Trib. Grenoble, 49 juin et 14 nov. 1868 ; Trib. Epernay, 2 juin 1870 ; *Rép. Gén.* Defrénois, n°s 392 et t. II ; CONTRA Décis. ministre intérieur, avril 1859 et juill. 1867.

164. Il faut être conçu à l'époque du décès du testateur pour être capable de recevoir par testament, *supra* n° 30; cependant il peut arriver qu'une personne non conçue au décès du testateur, profite des dispositions qu'il a faites. C'est ce qui a lieu en cas de legs à une ville ou à une corporation autorisée, d'une somme ou d'une rente destinée à doter tous les ans des jeunes filles pauvres, à récompenser de bonnes actions ou des travaux distingués (1).

165. Le legs doit être fait à une personne certaine, *supra* n° 33. Néanmoins dans les divers cas prévus au numéro précédent, comme dans le cas d'un legs fait aux pauvres, les légataires ne sont point connus, ce qui n'empêche pas le legs d'être valable; c'est là une dérogation à la règle (2). On a aussi considéré comme valable la disposition testamentaire portant que tout ce que le testateur possédera au jour de sa mort, sera vendu et employé à faire prier Dieu pour lui, s'il meurt sans enfants (3).

22° Legs à une ville pour des dots.

Je lègue à la ville de Z..., 2,000 fr. de rente 3 p. 100, en un titre en mon nom, n° 12,548, 3° série, avec jouissance du jour de mon décès.

Comme condition de ce legs, chaque année, au jour anniversaire de mon décès, la ville de Z... emploiera une somme de 1,500 fr. à doter un jeune homme et une jeune fille pauvres, habitant cette ville, désignés par le conseil municipal.

§ IV. — DU LEGS PAR PRÉCIPUT ET HORS PART

166. Les legs à des non successibles s'imputent sur la quotité disponible et ne sont sujets à réduction qu'autant qu'ils excèdent la quotité disponible (C. C. 920).

167. Quant aux legs à des successibles, ceux-ci ne peuvent les réclamer, à moins qu'ils ne leur aient été faits expressément par préciput et hors part, ou avec dispense de rapport (C. C. 843), ou qu'ils ne renoncent à la succession (C. C. 845); et même, dans ces deux cas, ils ne peuvent les retenir que jusqu'à concurrence de la quotité disponible (C. C. 844).

168. C'est aussi la disposition de l'art. 919, portant « la quotité disponible, peut être donnée entre vifs, ou par testament, en tout ou en partie, aux enfants ou autres successibles du donateur, sans être sujette à rapport par le donataire ou légataire venant à la succession, pourvu que la disposition ait été faite expressément à titre de préciput ou hors part. »

169. La déclaration de préciput et hors part peut s'appliquer soit au legs renfermé dans le testament lui-même, soit à une disposition entre vifs antérieure faite par avancement d'hoirie (C.C. 919).

170. La déclaration de préciput et hors part doit être formellement mentionnée. Toutefois, elle n'est pas soumise aux termes sacramentels mentionnés aux articles 843 et 919, et peut-être remplacée par des expressions équipollentes (4); il en est ainsi : du legs fait par un père à l'un de ses enfants, de tout ce dont la loi lui permet de disposer (5), ou en le grevant de substitution au

Formule 8°

Legs par préciput et hors part

1° Legs universel.

J'institue pour mon légataire universel Louis Monnier, mon neveu, auquel je lègue l'universalité des biens meubles et immeubles qui composeront ma succession, avec dispense de rapport.

2° Autre à une fille.

Je lègue, par préciput et hors part, à Laure Laville, ma fille, toute la portion disponible dans ma succession; et en conséquence, l'institue ma légataire universelle.

3° A titre universel.

Je lègue, par préciput et hors part, à Jean Bay, mon

---

(1) Troplong, 547, 614, 615; Coin-Delisle, 906, 6; Demolombe, XVIII, 582.
(2) Troplong, 557; Demolombe, XVIII, 612; Cass., 4 avril 1865.
(3) Cass., 13 juill. 1859; Rennes, 22 août 1861; Caen, 28 nov. 1865.
(4) Toullier, IV, 455; Duranton, VII, 249; Chabot et Belost-Jolimont, 843, 17; Troplong, 882; Marcadé, 843, 4; Demolombe, XVI, 232; Cass., 9 fév. 1830, 23 fév. 1831, 7 juill. 1835, 3 août 1841, 10 juin 1846, 14 mars 1853.
(5) Grenier, I, 488; Troplong, 883; Bordeaux, 17 juin 1843; Caen, 16 déc. 1850; Paris, 31 déc. 1851; Cass., 14 mars 1853; Montpellier, 15 mars 1809; voir Demolombe, XVI, 243; Seine, 22 fév. 1868; Rép. Gén. Defrénois, n° 319.

profit de ses enfants nés et à naître (1), ou encore sous la condition de payer à ses cohéritiers, en argent, ce qui dans la valeur de l'objet légué excéderait sa part héréditaire (2); de même le legs universel ou à titre universel fait à l'un ou plusieurs des héritiers, emporte par lui-même dispense de rapport jusqu'à concurrence de la quotité disponible (3). Mais il est toujours préférable, lorsqu'un legs est fait à un successible, de le dispenser du rapport par une clause formelle.

§ V. — DES LEGS CONDITIONNELS

171. Les dispositions entre-vifs ou testamentaires peuvent être faites sous telles conditions que le donateur ou testateur juge convenable ; mais les conditions impossibles, celles qui sont contraires aux lois ou aux mœurs sont réputées non écrites (C. C. 900). Les conditions impossibles sont celles qu'il n'est pas possible à l'homme d'exécuter, comme aller de Paris à Alger en une heure, ne pas toucher le ciel du doigt (4).

172. Les conditions relatives à la liberté de se marier peuvent être illicites dans certains cas et licites dans certains autres. Seraient illicites les conditions : 1° De ne pas se marier (5) à moins que le légataire n'ait atteint un âge fort avancé (6), ou que le legs ne soit viager pour durer tant que le légataire vivra en célibat (7) ; — 2° De ne pas consentir au mariage de l'un de ses enfants (8) ; — 3° De ne pas se marier sans le consentement d'un tiers non appelé par la loi à y consentir (9).

173. On considère au contraire comme licites les conditions : — 1° De ne point se marier avec une personne dénommée ou même une personne d'une ville ou d'un lieu désignés (10), à moins de nécessité morale, par exemple, en cas de grossesse (11); — 2° De ne pas se remarier ou de garder viduité (12) ; — 3° De se marier avec une personne désignée (13), lorsque cette personne n'en est pas indigne (14) et que le mariage avec elle n'est pas prohibé, quand même des dispenses devraient être obtenues (15); la condition serait réputée accomplie si le mariage était impossible par le décès de cette personne ou par son refus d'épouser le gratifié (16); — 4° De n'épouser qu'une personne noble ou d'une

fils, un quart des biens meubles et immeubles qui composeront ma succession.

4° *Legs particulier.*

Je lègue, par préciput et hors part, à Léon Blin, mon fils, ma maison située à...

Formule 9e
—
Legs conditionnels
1° *Célibat.*

Je lègue à Flore Jadin, l'usufruit d'une rente de 1000 fr. 3 p. 100, inscrite en mon nom, n° 7812, série 7e ; elle en jouira à partir de mon décès et pendant tout le temps qu'elle vivra en célibat. En conséquence, si elle vient à se marier, cet usufruit s'éteindra par le fait seul de son mariage.

2° *Mariage.*

Je lègue à N... 20000 fr., à la condition qu'il épousera Jeanne Dubois, ma filleule, dans l'année de mon décès, faute de quoi le présent legs sera caduc ; à moins cependant que le mariage ne soit devenu impossible par le décès de Jeanne Dubois dans l'année ou par son refus de se marier.

---

(1) Demolombe, XVI, 244; Cass., 16 juin 1830, 23 fév. 1831.
(2) Cass., 9 fév. 1830.
(3) Grenier, I, 485; Toullier, IV, 464; Troplong, 883; Demolombe, XVI, 242; Cass., 16 juin 1830, 7 juill. 1835, 14 mars 1853; Paris, 8 mai 1847.
(4) Troplong, 225; Demolombe, XVIII, 222.
(5) Toullier, V, 246; Duranton, VIII, 428; Troplong, 238; Coin-Delisle, 900, 30; Demolombe, XVIII, 248.
(6) Taulier, IV, p. 323; Demolombe, XVIII, 240; Paris, 1er avril 1802.
(7) Troplong, 237; Demolombe, XVIII, 241; Larombière, 1172, 34.
(8) Toullier, V, 256; Demolombe, XVIII, 287.
(9) Toullier, V, 258; Duranton, VIII, 424; Coin-Delisle, 900, 34; Troplong, 240; Demolombe, XVIII, 244; Larombière, 1172, 33; Paris, 7 juin 1849.
(10) Toullier, V, 458; Duranton, VIII; Coin-Delisle, 900, 34; Troplong, 240; Demolombe, XVIII, 248; Larombière, 1172, 32; Poitiers, 14 juin 1838.

(11) Troplong, 239; Demolombe, XVIII, 249; Larombière, 1172, 32; Bruxelles, 6 mai 1809.
(12) Toullier, V, 250; Coin-Delisle, 900, 39; Troplong, 248; Demolombe, XVIII, 249; Larombière, 1172, 29; Toulouse, 25 avril 1826; Lyon 22 déc. 1829; Rouen, 16 juill 1834; Poitiers, 14 juill. 1835; Montpellier, 14 janv. 1839, 14 juill. 1838; Paris, 24 déc 1841; Douai, 11 janv. 1848; Cass., 18 juill. 1822, 24 janv. 1828, 18 mars 1867; Dijon, 19 fév. 1869; Rép. Gén. VIII, 628; Limoges, 31 juill. 1839.
(13) Coin-Delisle, 900, 35; Troplong, 243; Demolombe, XVIII, 252; contra Taulier, IV, p. 335; Bastia, 2 juin 1828.
(14) Toullier, V, 251; Duranton, VIII, 425; Coin-Delisle, 900, 35; Troplong, 245; voir Demolombe, XVIII, 253; Larombière, 1172, 31.
(15) Coin-Delisle, 900, 38; Troplong, 247; Demolombe, XVIII, 254; Larombière, 1172, 12.
(16) Troplong, 230; Larombière, 1175, 23; 1178, 16; Lyon, 27 mars 1868; Rép. Gén. Defrénois, n° 324.

condition égale à celle du gratifié (1), ou d'une religion autre que celle du gratifié (2).

174. Au point de vue de la liberté des personnes, on répute illicites les conditions restrictives des droits civiques et politiques (3) ou des droits et devoirs de famille, tels que : la puissance maritale, la puissance paternelle, la tutelle, etc. ; toutefois la condition d'émanciper pourrait être considérée comme licite s'il était de l'intérêt évident de l'enfant que l'émancipation lui fût accordée pour qu'il se mît à la tête d'un établissement légué par le défunt (4). On considère également comme licite la condition apposée à un legs fait à un enfant mineur que le père n'aura pas l'administration des biens légués, ou que l'administration appartiendra à un autre que le père (5) ; comme aussi que le père n'en aura pas la jouissance légale (C. C. 387) ; sans toutefois que la condition puisse atteindre les biens formant la réserve légale de l'enfant (6).

175. La condition qui porterait atteinte à la liberté de choisir un état ou d'exercer une profession serait illicite ; comme celle : De se faire prêtre si l'inclination du gratifié est contraire (7) ; de ne prendre aucun état (8). Mais serait licite la condition de ne pas se faire prêtre (9), de ne pas prendre un certain état (10).

176. Les conditions touchant la liberté de conscience seraient illicites, comme par exemple, la condition de changer ou de ne pas changer de religion (11), d'élever les enfants dans telle ou telle religion (12).

177. La condition de changer de nom ou d'ajouter un nom au sien est licite ; elle est réputée accomplie si le gouvernement refuse l'autorisation (13).

178. Est illicite la condition de renoncer à une succession à échoir (14) ; mais non celle de renoncer à une succession échue (15).

179. La condition imposée par un époux à son conjoint, en lui faisant un legs, que la totalité ou une partie des biens que ce dernier laissera à son décès seront partagés également entre ses héritiers et ceux du testateur est contraire à la loi (art. 1021, 1130, 1389) et, comme telle, réputée non écrite ; dès lors elle n'entraîne pas la nullité du legs (16). Mais serait valable la condition imposée à un légataire de ne pas disposer en faveur de son conjoint, soit de la propriété, soit de l'usufruit des choses léguées (17).

3° Administration et jouissance légale.

Je lègue à Émile Goix, mon petit-fils, issu du mariage de Claire Denet, ma fille, avec Jean Goix, la moitié des biens meubles et immeubles qui composeront ma succession, avec condition expresse que Jean Goix, son père, n'aura ni l'administration ni la jouissance légale des biens formant le présent legs. Marc Denet, mon frère, en aura l'administration pour le compte de Émile Goix, pendant sa minorité, et il capitalisera tous les revenus jusqu'à sa majorité.

4° Nom.

Je lègue à N..., ma propriété de..., à la condition que dans l'année de mon décès, il demandera l'autorisation d'ajouter et, s'il l'obtient, ajoutera mon nom au sien.

5° Renonciation à succession.

J'institue Élie Maret, mon neveu, mon légataire universel, à la condition que dans les trois mois de mon décès, il renoncera à la succession de Vincent Maret, son père, décédé à..., le...

(1) Coin-Delisle, *900*, 36 ; Troplong, 238 ; Demolombe, XVIII, 257 ; contra Toullier, V, 254 ; Duranton, VIII, 126 ; Marcadé, *900*, 3 ; Cass., 13 mai 1813.

(2) Duranton, VIII, 125 ; Demolombe, XVIII, 258.

(3) Toullier, V, 266 ; Duranton, VIII, 139 ; Demolombe, XVIII, 237 ; Larombière, *1172*, 26.

(4) Demolombe, XVIII, 238 ; voir Duranton. VIII, 442.

(5) Proudhon, *usuf.*, 240 ; Duvergier sur Toullier, II, 1068 ; Chardon, *puiss. patern.*, 435 ; Duranton, III, 375 ; Demolombe, VI, 438 ; Bertin, *Droit*, 1 juin 1868 ; Paris, 24 mars 1812. 5 déc. 1854 ; Nîmes, 20 déc. 1837 ; Caen, 20 nov. 1840 ; Orléans, 31 janv. 1854 ; Cass. 11 déc. 1828, 26 mai 1856 ; Seine, 16 mars 1869 ; Paris, 24 déc. 1869 ; *Rép. Gén.* Defrénois, n° 158 ; contra Toullier, II, 1068 ; Marcadé, II, 152 ; Taulier, I, p. 499 ; Caen, 11 août 1825 ; Rouen, 29 mai 1845.

(6) Toullier, II, 1067 ; Duranton, III, 376 ; Demolombe, VI, 513 ; Marcadé, 587, 2 ; Cass., 12 nov. 1628 ; contra Duvergier sur Toullier, II, 1067 ; Troplong, 828.

(7) Voir Coin-Delisle, *900*, 41 ; Troplong, 242 ; Demolombe, XVIII, 259 ; Grenoble, 11 août 1847.

(8) Duranton, VIII, 135 ; Taulier, IV, p. 324 ; Coin-Delisle, *900*, 26 ; Larombière, *1172*, 24.

(9) Toullier, V, 265 ; Duranton, VIII, 136 ; Coin-Delisle, *900*, 42 ; Demolombe, XVIII, 260 ; contra Marcadé, *900*, 45.

(10) Troplong, 251 ; Demolombe, XVIII, 267.

(11) Toullier, V, 264 ; Taulier, IV, p. 324 ; Coin-Delisle, *900*, 40 ; voir cependant Troplong. 225 ; Demolombe, XVIII, 261.

(12) Demolombe, XVIII, 262.

(13) Troplong, 256 ; Demolombe, XVIII, 274 ; Larombière, *1172*, 12 ; Cass., 16 nov. 1824, 4 juillet 1836.

(14) Duranton, VIII, 146 ; Demolombe, XVIII, 277 ; Cass., 16 janv. 1838 ; v. cep. Troplong, 209 ; Coin-Delisle, *900*, 20.

(15) Cass., 16 août 1843.

(15) Cass., 11 déc. 1867, 10 mars 1869 ; *Rép. Gén.* Defrénois, n° 325.

(17) Demolombe, XVIII, 303 *ter* ; Bruxelles, 20 oct. 1847 ; Cass., 19 juin 1867.

180. La condition absolue et indéfinie de ne pas aliéner, étant contraire à la transmissibilité des biens, qui est d'ordre public, serait illicite (1). Mais si elle a été imposée temporairement dans le but de garantir l'existence d'un droit conféré à un tiers, elle est valable ; il en est ainsi de la défense imposée au légataire de la nue propriété de ses biens, de les aliéner pendant l'existence de l'usufruitier (2) ; ou au légataire en usufruit, quand la nue propriété a été léguée aux enfants de l'usufruitier auxquels il importe que la jouissance des biens ne passe pas en d'autres mains (3) ; ou encore au légataire chargé de l'acquit d'une rente viagère pendant la vie du crédit rentier (4).

181. Est illicite la clause par laquelle un testateur en instituant un hospice pour son légataire universel, déclare qu'il exige être inhumé dans la chapelle de cet hospice, une pareille charge ne pouvant recevoir son exécution comme étant contraire au décret du 23 prairial an XII (5).

182. Est licite la condition que les sommes ou objets et même les immeubles (6) compris dans un legs, sont déclarés insaisissables ; en pareil cas les choses léguées ne peuvent être saisies par les créanciers antérieurs au décès du testateur, et les créanciers postérieurs ne peuvent les saisir qu'en vertu de la permission du juge et pour la portion qu'il détermine (C. Proc. 581, 582). La déclaration d'insaisissabilité n'a pas pour effet de rendre inaliénable les choses léguées (7) ; néanmoins si une rente viagère a été léguée à titre alimentaire avec déclaration d'incessibilité, cette clause fait obstacle à l'aliénation de la rente (8).

183. On considère également comme licite la condition imposée à un légataire de faire emploi de la somme à lui léguée soit en rentes sur l'État, comme pension incessible et insaisissable (9), soit même en acquisition d'immeubles (10).

§ VI. — DE L'ACCROISSEMENT DE LEGS

184. Quand un legs, qu'il soit de chose corporelle ou incorporelle, de corps certain ou de quantité (11), ou même de chose divisible (12), est fait à plusieurs conjointement, et que l'un ou plusieurs d'entre eux ne le recueillent pas, parce qu'ils ont prédécédé le testateur, ou qu'ils sont indignes (13), ou renonçants, il y a lieu à accroissement au profit de ceux qui le recueillent (C. C. 1044).

185. Le legs est réputé fait conjointement lorsqu'il l'est par une seule et même disposition et que le testateur n'a pas assigné la part de chacun des colégataires dans la chose léguée (C. C. 1044). La loi n'exige pas la mention dans le testament que le legs est

6° Inaliénabilité.

Je lègue à N... ma maison située à..., à la charge de servir à X..., pendant sa vie, une rente viagère de 1000 fr., payable de trois en trois mois, à compter de mon décès, et hypothéquée sur ladite maison.

De condition expresse, la maison léguée ne pourra être aliénée ni hypothéquée, pendant la vie de X..., à peine de nullité des aliénations et hypothèques.

7° Incessibilité et insaisissabilité.

Je lègue à titre alimentaire, avec condition expresse d'incessibilité et d'insaisissabilité, à Clarisse DENAIN, ma domestique, une pension viagère de mille francs qui lui sera servie par mes héritiers, chaque année de trois en trois mois, à partir du jour de mon décès.

Formule 10°

—

Accroissement de legs

1° Legs conjoints.

Je lègue à N... et à X... conjointement, ma ferme du Bel-Air. Ils en auront la pleine propriété du jour de mon décès ; et si l'un d'eux ne recueille pas le legs, par suite de prédécès, de refus ou pour toute autre cause,

---

(1) Toullier et Duvergier, V, 488 ; Troplong, 135 ; Demolombe, XVIII, 290 à 300 ; Paris, 11 mai 1852 ; Cass., 6 janv. 1853, 7 juill. 1868 ; *Rép. Gén.* Defrénois, n° 327.

(2) Toullier, V, 488 ; Demolombe, XVIII, 302 ; Cass., 27 juill. 1863.

(3) Cass., 9 mars 1868 ; *Rép. Gén.* Defrénois, n° 327.

(4) Douai, 27 avril 1864.

(5) Trib. Castel-Sarrazin, 7 mai 1869 ; *Rép. Gén.* Defrénois, n° 329.

(6) Pigeau, *proc.*, art. 581, p. 272 ; Troplong, 272 ; Pont. *Priv.*, 617 ; Caen, 26 août 1850 ; Cass., 10 mars 1852, 20 déc.

1864 ; CONTRA Demolombe, XVIII, 311 ; Riom, 23 janv. 1847 ; Montpellier, 16 janv. 1867.

(7) Troplong, *rente*. 227 ; Demolombe, XVIII, 309 ; Cass., 31 mai 1826, 22 fév. 1831, 1er avril 1844 ; Caen, 17 fév. 1851.

(8) Rouen, 8 avril 1868 ; *Rép. Gén.* Defrénois, n° 331.

(9) Seine, 27 mai 1868 ; *Rép. Gén.* Defrénois, n° 327.

(10) Cass., 16 mars 1870 ; *Rép. Gén.* Defrénois, t. II.

(11) Troplong, 2190 ; Demolombe, XXII, 369 ; Douai, 6 août 1846.

(12) Demolombe, XXII, 375.

(13) Proudhon, *usuf.*, 688 ; Demolombe, XIII, 301 ; XXII, 353 ; Bordeaux, 6 mars 1834 ; Pau, 17 août 1834 ; Cass., 22 juin 1847, 13 nov. 1855.

conjoint, ni qu'il y aura lieu à accroissement; cependant il est d'usage de le faire.

186. Il faut donc, pour qu'il y ait lieu à accroissement, que le legs soit conjoint, c'est-à-dire ne contienne pas d'assignation de parts (1). Toutefois si l'assignation de parts est non pas dans l'institution, mais dans l'exécution, par exemple : Je lègue ma maison à Paul et Léon, pour par eux *en jouir et disposer par parts égales* ou *la partager entre eux également* ; cette dernière clause a pour objet l'exécution de la disposition, en est l'accessoire, le règlement, et ne fait pas obstacle à l'accroissement (2); mais il vaut toujours mieux exprimer l'accroissement afin d'éviter toute incertitude (3). D'ailleurs l'accroissement peut être stipulé même en cas de legs pur et simple de parts (4); comme aussi le testateur peut défendre l'accroissement quand le legs est conjoint (5).

187. Le legs est encore réputé fait conjointement quand une chose, qui n'est pas susceptible d'être divisée sans détérioration, a été donnée par le même acte à plusieurs personnes, même séparément (C. C. 1045); c'est-à-dire par des dispositions séparées de son testament, et que la part de chacun des légataires n'a pas été indiquée (6).

188. Les art. 1044 et 1045 s'appliquent uniquement aux legs à titre particulier, et non aux legs universels ou à titre universel, pour lesquels l'accroissement s'opère en vertu des art. 1003 et 1010 (7).

189. L'accroissement s'applique au legs d'usufruit; par exemple, si le testateur lègue à Paul et à Léon l'usufruit de *telle* ferme, en déclarant que si l'un d'eux est défaillant l'autre recueillera la totalité (8). Mais l'accroissement ne s'opère plus au profit du légataire survivant si son colégataire a recueilli; dans ce cas l'usufruit, en ce qui concerne ce dernier, s'éteint par son décès (9), à moins que le testament ne contienne une clause de reversibilité au profit du survivant, *infra* n° 207.

190. La substitution vulgaire, *infra* n° 202, et le droit d'accroissement peuvent se combiner ensemble quand un legs est fait à deux personnes, avec déclaration que si l'une d'elles vient à décéder avant le testateur il lui substitue ses enfants; dans ce cas, si l'un d'eux décède laissant des enfants ils font obstacle à l'accroissement, mais s'il ne laisse pas d'enfants l'accroissement a lieu en faveur de l'autre légataire ou de ses enfants (10).

191. Si le legs est ainsi conçu : Je lègue ma ferme aux enfants de mon frère et à ceux de ma sœur, la défaillance dans chacune des branches donne lieu à l'accroissement dans la branche où elle se produit et ne profite à l'autre branche qu'autant que tous les enfants d'une branche sont défaillants (11).

sa part accroîtra à son colégataire.

2° Legs avec assignation de parts.

Je lègue à N... et à X... conjointement, une rente sur l'Etat, de 1000 fr. 3 p. 100, inscrite en mon nom, n° 52625 de la série 8°, et dans la proportion : pour N..., de 700 fr., et pour X... de 300 fr. ; et si l'un d'eux ne recueille pas, etc. (*comme dessus*).

3° Legs indivisible.

Je lègue à N... et X... mon tableau à l'huile représentant une scène de marine.

4° Legs d'usufruit.

Je lègue à N... et à X... l'usufruit, pendant leur vie et celle du survivant, à partir du jour de mon décès, de ma ferme de..., située commune de... Si l'un d'eux ne recueille pas par suite de prédécès, refus ou autre cause, sa part accroîtra à son colégataire.

5° Accroissement avec substitution vulgaire.

Je lègue à N... et à X... conjointement et par moitié, une prairie située à... S'ils me prédécèdent ou l'un d'eux, je leur substitue leurs enfants et autres descendants qui recueilleront leurs parts suivant les règles de la représentation.

---

(1) Cass., 19 janv. 1830, 19 fév. 1848, 3 juin 1861.

(2) Coin-Delisle. *1044*. 6 à 8 ; Demolombe. XXII, 373 ; Cass., 19 oct. 1808, 14 mars 1815, 9 mars 1857, 12 fév. 1862, 27 janv. 1868 ; Nimes, 12 juin 1868 ; *Rép. Gén.* Defrénois, n° 394.

(3) Coin-Delisle. *1044*. 8 ; Trib. Versailles, 23 mars 1866.

(4) Troplong. 2191 ; Demolombe. XXII, 372, 385 ; Trib. Nevers, 22 juill. 1846 ; Cass., 18 mai 1825.

(5) Agen, 27 nov. 1850.

(6) Toullier. V, 688 ; Duranton, IX, 509 ; Coin-Delisle, *1045*. 41 ; Troplong, 2171 ; Demolombe, XXII, 377 ; CONTRA Proudhon, *usuf.*, 734.

(7) Mourlon, II, p. 893 ; Troplong. 1773, 2182 ; Demolombe, XXII. 383 ; Cass., 12 fév. 1862 ; CONTRA Grenier et Bayle-Mouillard, III, 352 ; Agen, 27 nov. 1850.

(8) Demolombe. XXII, 386 ; v. cep. Troplong, 2189.

(9) Grenier, III, 353 ; Toullier, V, 699 ; Proudhon, *usuf.*, 675 ; Bugnet sur Pothier, VIII, p. 325 ; Demolombe, XXII, 389 ; Dijon, 21 janv. 1845 ; CONTRA Coin-Delisle, *1044*. 10 ; Marcadé, *1044*. 3 ; Troplong, 2184 ; Bayle-Mouillard, III, 353 ; Aix, 11 juill. 1838 ; Cass., 1er juill. 1841.

(10) Duranton, IX, 511 ; Demolombe, XXII, 393.

(11) Demolombe, XXII, 394.

192. Le légataire qui, par l'effet de l'accroissement, profite de la part de son colégataire, est tenu d'accomplir les charges qui avaient été imposées à son colégataire défaillant et dont il n'est pas tenu lui-même ; mais il peut s'en décharger en renonçant à l'accroissement pour s'en tenir à sa part (1).

> N..., ou ceux qui recueilleront à sa place, serviront à V... une rente viagère de 1000 fr., à partir de mon décès, payable par trimestre.

§ VII. — DES LEGS AVEC SUBSTITUTION

I. — SUBSTITUTIONS PROHIBÉES. — CONDITIONNELLES

193. Les substitutions sont prohibées. — Toute disposition par laquelle le donataire, l'héritier institué ou le légataire est chargé de conserver et de rendre à un tiers est nulle, même à l'égard du donataire, de l'héritier institué ou du légataire (C. C. 896), sauf toutefois les exceptions rapportées, *infra* n°s 208 et suivants (C. C. 897). — Le caractère de la substitution est de produire une hérédité conventionnelle au décès du gratifié (2); elle résulte de la réunion des charges suivantes imposées au légataire : 1° de conserver ; 2° de conserver jusqu'à son décès (3) ; 3° de rendre à un tiers, fût-il l'héritier légitime du testateur (4). Toutes les fois que la disposition réunit ces conditions, quelque soient les termes dont on s'est servi, elle est nulle et rend nulle la disposition principale (5). Il importe peu que le testateur ait dit : *au décès du légataire les biens* APPARTIENDRONT ou PASSERONT à... (6), ou FERONT RETOUR à... (7); même quand le testateur ajoute : *s'il meurt avant sa majorité ou son mariage* (8), ou *sans enfants légitimes* (9) ; ou que le testateur ait imposé la condition de ne pas transmettre les biens légués à une famille étrangère, de manière qu'ils reviennent à ses frères et sœurs (10), ou ait stipulé la condition qu'en cas de décès sans enfant de l'un des légataires conjoints, sa portion accroîtra au survivant (11), voir cependant *infra* n° 195 ; il en est de même si le testateur a institué des exécuteurs testamentaires pour l'administration d'une fondation en prorogeant indéfiniment leur saisine et les investissant du pouvoir de se donner des successeurs au décès les uns des autres (12). — Si un legs universel est fait sous la charge de conserver et de rendre un bien particulier, il n'y a de substitution prohibée qu'en ce qui concerne cette charge, et le legs n'est nul que dans la mesure de cette substitution (13).

194. Si la disposition ne réunit pas les éléments qui sont constitutifs de la substitution, elle ne tombe pas sous le coup de la

Formule 11ᵉ

Charge de rendre à terme

Je lègue à N... l'universalité des biens meubles et immeubles qui composeront ma succession ; en conséquence, je l'institue mon légataire universel.

Toutefois, si N... a des enfants légitimes existants au jour de mon décès, il sera tenu de rendre à ses enfants, au fur et à mesure de leur majorité, ou de leur mariage s'il a lieu avant cette époque, les biens qu'il recueillera dans ma succession, et dont ceux-ci ne seront saisis que par le fait de leur majorité ou leur mariage, et dans la proportion, pour chacun, du nombre des enfants appelés à recueillir le legs.

En conséquence, si l'un ou plusieurs des enfants de N... deviennent majeurs ou se marient avant cet âge, il sera considéré, par ce seul fait, comme ayant eu seu-

---

(1) Toullier, V, 693 ; Troplong, 2181 ; Mourlon, II, p. 395 ; Demolombe, XXII, 396 ; Aix, 11 juill. 1838 ; CONTRA Duranton, IX, 516 ; Taulier, IV, p. 186.

(2) Cass., 13 déc. 1864.

(3) Toullier, V, 22 ; Proudhon, *usuf.*, n° 443 ; Duranton, VIII, 77 à 84 ; Coin-Delisle, *896*, 21 ; Troplong, 102 ; Demolombe, XVIII, 97, 98.

(4) Grenier et Bayle-Mouillard, I, p. 222 ; Coin-Delisle, *896*, 12 ; Marcadé, *896*, 4 ; Troplong, 107. 161 ; Demolombe, XVIII, 91 ; Angers, 7 mai 1822 ; Cass., 13 août 1856 ; CONTRA Toullier, V, 47.

(5) Toullier, V, 13 ; Duranton, VIII, 90 ; Troplong, 164 ; Coin-Delisle, *896*, 42 ; Demolombe, XVIII, 173 ; Cass., 18 janv. 1809, 7 nov. 1810.

(6) Demolombe, XVIII, 143 ; Angers, 7 mars 1822 ; Poitiers, 6 mai 1847 ; Cass., 9 juill. 1851.

(7) Limoges, 18 déc. 1824 ; Amiens, 23 fév. 1837 ; Cass., 18 avril 1842, 27 fév. 1843 ; voir aussi Cass., 19 juin 1867.

(8) Demolombe, XVIII, 153, 156 ; Paris, 30 août 1820 ; Cass., 22 nov. 1842 ; Limoges, 6 juin 1848 ; Cass., 11 déc. 1860, 4 déc. 1865, 8 fév. 1869 ; Lyon, 3 mars 1871.

(9) Troplong, 161 ; Demolombe, XVIII, 146 ; Rennes, 1ᵉʳ mai 1860 ; Cass., 9 fév. 1834, 24 avril 1860, 7 mai 1862, 1ᵉʳ août 1864, 31 mai 1865 ; Amiens, 7 déc. 1868.

(10) Cass., 30 juill. 1827, 7 mai 1862.

(11) Demolombe, XVIII, 143 ; Troplong, 125, 126 ; Coin-Delisle, *1044*, 49.

(12) Pau, 7 déc. 1861.

(13) Toullier, V, 14 ; Duranton, VIII, 94 ; Troplong, 165 ; Demolombe, XVIII, 179 ; Caen, 2 déc. 1847 ; Cass., 27 juin 1811, 3 août 1814, 6 janv. 1863 ; Rouen, 25 juin 1863 ; CONTRA Marcadé, *896*, 8 ; Coin-Delisle, *896*, 44.

prohibition de l'art. 896 ; ainsi il n'y a pas de substitution prohibée dans la charge de rendre tout ou partie de la chose léguée soit de suite, soit à l'expiration d'un terme certain et déterminé, soit à un terme incertain ou sous une condition quelconque (1) ; par exemple : Legs à Léon, à la charge de rendre à ses enfants existants au décès du testateur, au fur et à mesure de leur majorité (2) ; ou encore, legs à Paul d'une ferme, à la charge d'en rendre la moitié à Léon, soit après la mort du testateur, soit dans cinq ou dix ans. Dans ce dernier cas l'appelé est propriétaire dès le décès du testateur ; la délivrance seule est suspendue. Autre exemple : Legs à Paul, en le chargeant de rendre moitié à Léon s'il revient d'un voyage lointain ; dans ce cas, le legs en faveur de Léon est soumis à la condition suspensive de son retour ; jusque-là la propriété réside sur la tête de Paul (3).

195. On considère comme des legs conditionnels les dispositions testamentaires suivantes : 1° institution de deux légataires, l'un au cas seulement où l'autre décéderait avant d'avoir contracté mariage (4) ; 2° legs à un mineur avec condition qu'il ne sera valable que s'il survit et atteint l'âge de 25 ans, et que s'il meurt avant d'être parvenu à cet âge, ce legs, jusque-là conditionnel, reviendra à d'autres légataires désignés (5) ; 3° legs à un tiers, avec condition qu'il sera restreint à l'usufruit dans le cas où l'héritier légitime parviendrait à son âge de majorité (6) ; 4° legs à une personne, pour le cas où elle se marierait et aurait des enfants, d'une somme dont elle aura l'usufruit et ses enfants la nue propriété (7) ; 5° legs à une personne si elle se marie, devant, dans le cas contraire, être recueilli par une autre (8) ; 6° legs particulier ne devant être payé qu'en cas de mort sans postérité de l'héritier ou du légataire universel (9) ; 7° déclaration par le testateur que si son héritier légitime vient à mourir sans postérité ou avant son mariage, il sera réputé n'avoir recueilli qu'en usufruit seulement ses droits dans sa succession, et qu'en vue de ce cas, il lègue la propriété de ces mêmes droits à ses autres parents, les plus proches (10) ; 8° legs d'une nue propriété avec condition que si le légataire ne se marie pas avant un âge déterminé ou décède sans enfants avant l'usufruitier, le legs sera recueilli par les héritiers du testateur ou un tiers désigné (11) ; 9° legs soumis à la condition que le légataire survivra à un tiers auquel l'usufruit des mêmes biens est légué (12) ; 10° legs de l'usufruit avec condition que si le légataire se marie et laisse des enfants à son décès, la chose léguée deviendra sa propriété et fera partie de sa succession (13).

196. Constitue le legs d'une créance à recevoir, la charge imposée au légataire universel, soit purement et simplement, soit pour le cas où il décéderait sans postérité, de rendre à un léga-

lement l'usufruit des biens composant ma succession, jusqu'à l'époque de la majorité ou du mariage de ses enfants.

Si X... n'a pas d'enfants lors de mon décès, ou s'il en a mais qu'ils n'atteignent pas leur majorité ou ne se marient pas auparavant, le legs universel fait en sa faveur demeurera pur et simple, sans aucune charge ni condition.

Formule 12°

Condition que le légataire aura de la postérité.

Je lègue à Léon MARCEL une ferme appelée la ferme de l'*Ormeau*, située commune de..., ou s'il me prédécède, à ses enfants et autres descendants existants au jour de mon décès, suivant les règles de la représentation.

Comme condition expresse, si Léon MARCEL, après avoir recueilli le présent legs vient à mourir sans postérité, il sera par ce seul fait, considéré comme ne l'ayant recueilli qu'en usufruit seulement.

Et pour ce cas, la ferme léguée sera recueillie par Charles DÈCLE, mon frère, ou ses descendants, qui seront censés avoir eu la nue propriété à partir du jour de mon décès.

---

(1) Troplong, 103 et suiv. ; Demolombe, XVIII, 86 et suiv. ; Metz, 9 fév. 1865 ; Cass., 23 janv. 1865, 31 juill. 1866, 15 avril 1867.

(2) Colmar, 25 août 1825.

(3) Toullier, V, 34 ; Troplong, 103 à 105 ; Demolombe, XVIII, 143 à 172.

(4) Paris, 20 janv. 1872 ; *Rép. Gén.* Defrénois, t. II.

(5) Paris. 30 mai 1870 ; Cass., 8 avril 1872 ; *Rép. Gén.* Defrénois, t. II.

(6) Bruxelles, 13 déc. 1809.

(7) Paris, 23 juin 1825.

(8) Poitiers, 29 juill. 1830 ; Amiens, 6 avril 1851.

(9) Troplong, 127, 151 ; Paris, 21 déc. 1824, 7 déc. 1835 ; Cass., 30 déc. 1835 ; Nimes, 18 janv. 1858.

(10) Angers, 19 juill. 1854 ; Cass., 30 avril 1855 ; Paris, 20 janv. 1874 ; *Rép. Gén.* Defrénois, t. II ; CONTRA Demolombe, XVIII, 120 ; Colmar, 12 avril 1866.

(11) Orléans, 10 fév. 1830 ; Cass., 8 fév. 1869.

(12) Duranton, VIII, 49 ; Coin-Delisle, 899, 10 ; Marcadé, 899, 2 ; Colmar, 25 août 1825 ; Montpellier, 6 mai 1846.

(13) Demolombe, XVIII, 121 ; Cass., 17 juin 1835.

taire particulier une somme déterminée, payable au jour du décès du légataire universel (1), ou payable soit au décès du légataire universel, soit lors de la vente d'un immeuble désigné (2).

197. Le simple vœu ou le désir exprimé par le testateur que son légataire universel conserve les biens légués pour les transmettre à un tiers, ne contient point en termes impératifs la charge de conserver ni celle de rendre, et ne suffit pas pour constituer une substitution prohibée (3). Il en est de même de la simple recommandation adressée à son légataire de faire retourner les choses léguées aux héritiers du testateur (4); comme aussi de la déclaration du testateur de s'en rapporter à son légataire universel pour l'exécution de ses volontés dont il a pleine connaissance (5).

198. Mais on décide qu'il y a une substitution prohibée dans la charge imposée au légataire universel de transmettre tout ou partie des biens légués aux membres de la famille du testateur qu'il lui plaira de choisir (6), ou à un tiers (7); quand même ce serait à sa volonté (8). Il en serait autrement si le legs était fait avec faculté pour le légataire de disposer au profit de qui il jugera convenable (9).

199. Le principe en matière de substitution est que lorsqu'une disposition testamentaire présente du doute sur le point de savoir si elle constitue ou non une substitution prohibée, elle doit être interprétée dans le sens de la négative (10). Cependant il faut être sobre de pareilles stipulations qui, presque toujours, donnent lieu à des contestations en justice. En tous cas, il est utile de stipuler le maintien de la disposition principale, pour le cas où la condition dont elle est affectée serait annulée comme constituant une substitution prohibée (11), et même de la reproduire en expliquant que, pour ce cas, elle est faite purement et simplement et sans condition.

II. — CHARGE DE RENDRE CE QUI RESTERA

200. La charge imposée au légataire de rendre, à un tiers ou aux héritiers du testateur, ce qui restera à son décès des biens légués ou ce dont il n'aura pas disposé, ne constitue pas une substitution prohibée, puisque, pouvant aliéner, léguer, il n'est pas tenu de conserver, mais seulement de rendre les biens dont il n'aura pas disposé. Cette disposition renferme deux legs distincts et successifs : l'un pur et simple et l'autre soumis à la condition suspensive que le premier légataire n'aura pas disposé; dès lors ils sont tous les deux valables (12). Il importe peu que le testateur n'ait autorisé le légataire à les aliéner qu'*en cas de besoin* (13); il

Formule 13ᵉ

Vœu que les biens soient transmis à un tiers.

J'exprime ici le désir que mon légataire universel, s'il ne laisse pas de postérité, transmette les biens formant le présent legs à Jean COLET ou aux descendants de ce dernier.

Étant bien entendu que ce désir ne constitue ni une charge ni une condition, mais seulement un vœu soumis à la volonté entièrement libre de mon légataire.

Formule 14ᵉ

Maintien de la disposition principale

Dans le cas où le legs qui précède serait considéré comme renfermant une substitution prohibée, j'entends que la disposition principale soit maintenue sans charge ni condition; et, pour ce cas, je lui lègue sans condition, etc. *(répéter le legs)*.

Formule 15ᵉ

Charge de rendre ce qui restera

J'institue pour légataire universelle, en pleine et absolue propriété, Nelly COINTEL, ma femme.

Comme condition du présent legs, tous les biens

---

(1) Troplong, 127, 151; Demolombe, XVIII, 127; Paris, 7 déc. 1835; Nîmes, 18 janv. 1858; Cass., 30 déc. 1835, 31 juill. 1866.

(2) Cass., 30 janv. 1867.

(3) Toullier, V, 27; Troplong, 111; Demolombe, XVIII, 142; Caen, 18 nov. 1858; Cass., 8 juill 1834, 20 janv. 1840, 11 juin 1860, 4 avril, 5 déc. 1865, 19 juin 1867; Orléans, 8 juill. 1870

(4) Demolombe, XVIII, 142; Cass., 19 mars 1856; voir aussi Cass., 25 mai 1869.

(5) Paris, 28 juin 1869.

(6) Rennes, 15 mai 1849; Cass. 5 mai 1851, 38 nov. 1853; voir cependant Grenoble, 2 avril 1818; Cass., 8 nov. 1847.

(7) Cass., 28 fév. 1853; v. cep. Cass., 15 avril 1867.

(8) Cass., 28 août 1866.

(9) Cass., 2 juill. 1867.

(10) Coin-Delisle, 976. 3; Troplong, 117; Demolombe, XVIII, 157; Cass., 11 juin 1860, 14 janv. et 4 déc. 1865, 3 mai 1869; Rennes, 12 mai 1860.

(11) Coin-Delisle, 896, 51; Marcadé, 896, 6; Demolombe, XVIII, 188, 189; Paris, 3 mars 1840; Grenoble, 10 mai 1833; Cass., 8 juill. 1834, 11 fév. 1863, 5 déc. 1865; CONTRA Taulier, IV, p. 10.

(12) Toullier, V, 38; Duranton, VIII, 74; Coin-Delisle, 896, 27; Marcadé, 896. 3; Troplong, 129 à 132; Saintespès, I, 89; Demolombe, XVIII, 133; Caen, 16 nov. 1830; Rouen, 28 janv. 1831; Orléans, 7 juin 1834; Rennes, 31 juill. 1858, 29 mai 1861; Cass., 14 mars 1832, 17 fév. 1836, 27 fév. 1843, 28 nov. 1849, 4 juill. 1853, 24 avril 1860, 11 fév. 1863, 3 mars et 11 août 1864, 28 nov. 1871.

(13) Vazeille, 896, 1; Demolombe, XVIII, 139.

en serait autrement si le légataire n'était autorisé à les aliéner qu'*en cas de nécessité dûment justifiée* (1).

201. Si le testateur en imposant cette charge a interdit au légataire de disposer des biens à titre gratuit, et spécialement de les léguer, mais a laissé entier pour lui le droit de disposer de toute autre manière, on décide que cette interdiction n'est pas caractéristique de la substitution prohibée (2). Mais il est utile, dans ce cas, de faire une stipulation relative au maintien de la disposition principale, *supra* n° 199.

III. — SUBSTITUTION VULGAIRE

202. La disposition par laquelle un tiers est appelé à recueillir le legs dans le cas où le légataire ne le recueillerait pas, n'est pas considéré comme une substitution, et elle est valable (C. C. 898). Cette disposition prend le nom de *substitution vulgaire*. Elle s'ouvre quand le légataire institué en premier ordre ne recueille pas, soit parce qu'il répudie le legs, soit parce qu'il a prédécédé le testateur ou s'est trouvé incapable de recueillir, par exemple s'il a été déclaré indigne (3), alors même qu'un seul de ces cas aurait été prévu par le testateur (4) ; toutefois, il est préférable de les prévoir tous afin de ne pas laisser place au doute.

203. Il n'est pas nécessaire que les légataires appelés en sous-ordre soient dénommés dans le testament ; il suffit qu'ils soient indiqués de manière à être reconnus ; dès lors est valable la disposition portant que les légataires qui ne recueilleront pas seront substitués par leurs descendants selon les règles prescrites pour la représentation (5).

204. Ne constitue pas non plus une substitution prohibée, la disposition par laquelle l'usufruit est légué à l'un et la nue propriété à l'autre (C. C. 899), alors même que le legs ne serait pas clairement caractérisé (6) ; jugé à ce sujet qu'en cas de legs à une personne après la mort du légataire universel, ce dernier est considéré comme simple usufruitier de la chose léguée (7).

205. Il en est de même de la disposition par laquelle le testateur a légué un usufruit à plusieurs successivement, c'est-à-dire l'un après l'autre, alors même qu'il y aurait accroissement de la nue propriété en faveur des survivants purement et simplement (8) ou sous condition (9) ; il suffit que la disposition limite et désigne les légataires. Dans ce cas, chacun des légataires tient sa libéralité directement du testateur : au décès du premier usufruitier son usufruit s'éteint et un deuxième usufruit s'ouvre au profit du second usufruitier, et ainsi de suite ; ce n'est donc pas le même usufruit qui se continue (10).

206. A plus forte raison ce qui vient d'être dit s'applique au legs d'une rente viagère (11).

meubles et immeubles qui resteront au décès de ma légataire, de ceux à elle léguée, seront rendus aux héritiers qui auraient été appelés à recueillir ma succession si je n'en avais disposé.

Dans le cas où... *(voir Form.* 14°).

Formule 16°

Substitution vulgaire

1° Legs universel.

J'institue pour mes légataires universels Jean et Léon TASSIN conjointement. Si l'un d'eux ou tous deux ne recueillent pas le présent legs par suite de prédécès, refus ou toute autre cause, je leur substitue leurs enfants et autres descendants légitimes, qui recueilleront leurs parts suivant les règles de la représentation.

2° Usufruit et nue propriété.

Je lègue à L... l'usufruit de ma maison située à..., et à N... la nue propriété, pour y réunir l'usufruit au décès de L...

3° Usufruit à plusieurs successivement.

Je lègue l'usufruit d'une rente de 1000 fr. 3 p. 100 en mon nom, n° 4728 de la série 4°, à N..., à X... et à V... Ils jouiront successivement de cet usufruit pendant leur vie : N... à partir du jour de mon décès ; X... à compter du décès de N..., et V... du jour du décès de X...

4° Accroissement.

Je lègue à N... et à X...

---

(1) Demolombe, XVIII, 139; Cass., 24 avril 1860.
(2) Demol., XVIII, 138; Cass., 11 fév. 1863, 11 août 1864.
(3) Troplong, 180; Demolombe, XVIII, 84; Cass., 22 juin 1847, 15 nov. 1855.
(4) Troplong, 177; Demol., XVIII, 8t; Nîmes, 5 déc. 1863.
(5) Cass., 13 août 1851; Douai, 11 mai 1863; Paris, 8 avril 1865.
(6) Demolombe, XVIII, 417; Paris, 24 mai 1821; Metz, 21 mars 1822; Cass., 25 juill. 1832, 16 juil. 1838.

(7) Demolombe, XVIII, 167; Cass., 25 juill. 1832, 5 mai 1856, 11 juill. 1870; Rép. Gén. Defrénois, t. II.
(8) Paris, 17 juill. 1870.
(9) Rennes, 12 mars 1866.
(10) Marcadé, 899, 3; Demol., XVIII, 123; Paris, 24 fév. 1852.
(11) Demolombe, XVIII, 124; Troplong, 131; Cass., 8 déc. 1832; Paris, 4 mars 1864; Rouen, 22 mars 1869.

207. On ne doit pas non plus voir une substitution prohibée dans le legs d'un usufruit à deux personnes chacune pour moitié avec accroissement au survivant; l'effet de cette disposition est de faire profiter le survivant de la moitié du premier mourant et l'usufruit total s'éteint au décès du dernier (1).

IV. — SUBSTITUTIONS AUTORISÉES PAR LA LOI

208. Les biens dont les père et mère ont la faculté de disposer, peuvent être par eux donnés, en tout ou en partie, à un ou plusieurs de leurs enfants légitimes, adoptifs ou même naturels (2), par acte entre-vifs ou testamentaire, avec la charge de rendre ces biens aux enfants nés et à naître, au premier degré seulement, des donataires ou légataires (C. C. 1048). Cette disposition constitue une exception à la règle qui prohibe les substitutions; à ce titre elle doit être rigoureusement renfermée dans ses limites; en conséquence elle ne s'étend pas aux aïeuls, qui ne sauraient grever de substitution leur petit-fils, quand même il se trouverait personnellement appelé à la succession par le prédécès de son père ou de sa mère (3).

209 Si la disposition avec charge de restitution dépassait la quotité disponible, elle ne serait pas nulle pour cela, mais elle devrait être réduite de manière que la réserve de l'héritier fût intacte (4); et si le disposant imposait la charge de rendre non-seulement la quotité disponible, mais encore la réserve, la disposition serait nulle pour le tout, sans que l'héritier puisse la valider en en consentant l'exécution, car les biens grevés de substitution étant hors du commerce, les parties ne peuvent y soumettre une quotité plus grande que la loi ne le permet (5).

210. Est valable, en cas de mort sans enfant, la disposition que le disposant a faite, par un acte entre-vifs ou testamentaire, au profit d'un ou plusieurs de ses frères ou sœurs, de tout ou partie des biens qui ne sont point réservés par la loi dans sa succession, avec la charge de rendre ces biens aux enfants nés et à naître, au premier degré seulement, desdits frères ou sœurs donataires ou légataires (C. C. 1049). Pour que cette disposition soit permise il faut que le défunt ne laisse pas d'enfants légitimes, légitimés ou adoptifs, quand même ils renonceraient à sa succession (6); en ce qui concerne ces derniers, que l'adoption soit antérieure (7) ou même postérieure (8) à sa disposition, puisque les enfants adoptifs excluent les frères et sœurs. Mais l'enfant naturel, n'étant pas héritier, n'y fait pas obstacle; sa présence, d'ailleurs, n'ôtant pas aux frères et sœurs le droit de venir à la succession (9).

211. La disposition avec charge de rendre, permise en ce qui concerne les libéralités faites aux frères et sœurs, doit être aussi renfermée dans ses limites; en conséquence, un oncle ne pourrait faire une disposition au profit de ses neveux et nièces avec la charge de restitution à ses petits neveux et petites nièces (10).

l'usufruit de ma maison, située à ..., par moitié; mais avec accroissement au profit du survivant lors du décès du prémourant.

Formule 17e

—

Substitution autorisée

1° Enfants légitimes.

Je lègue, par préciput et hors part, à Eloy d'ESTÉ, mon fils aîné, toute la portion de mes biens meubles et immeubles dont la loi me permettra la disposition au jour de mon décès; mais à la charge de conserver et de rendre à son décès tous les biens meubles et immeubles qu'il recueillera en vertu de ce legs, à ses enfants légitimes nés et à naître au premier degré.

2° Autre.

Je lègue, par préciput et hors part, à Aure d'AULT, épouse de M. le marquis de MONS, ma fille, toute la portion dont la loi me permettra la disposition au jour de mon décès, de la part héréditaire de ladite dame dans ma succession; et je la charge expressément de conserver et de rendre, à son décès, tous les biens meubles et immeubles qui seront recueillis en vertu du présent legs, à ses enfants légitimes nés et à naître au premier degré.

3° Frères et sœurs.

Je lègue, par préciput et hors part, à Félix d'ALBE,

(1) Marcadé, *899*, 3; Cass. 22 juill. 1835; Caen, 14 déc. 1864.
(2) Guilhon, *Donations*, III, 1059; Paris, 27 avril 1868; *Rép. Gén.* Defréuois, n° 413; CONTRA Demolombe, XXII, 412.
(3) Toullier, V, 723; Coin-Delisle, *1048*, 2; Colmet de Santerre, IV, 209 *bis*; Marcadé, *1048*, 1; Troplong, 2213; Demolombe, XXII, 411; Paris, 23 août 1850; Cass., 29 juin 1853; Besançon, 2 déc. 1853; Seine, 12 mai 1869; *Rép. Gén.* Defrénois, n° 414; CONTRA Duranton, IX, 523.
(4) Duranton, IX, 553; Troplong, 2236; Demol., XXII, 434.

(5) Troplong, 2233; Saintespès, V, 1730; Demol., XXII, 433; Cass., 14 juin 1836; CONTRA Toullier. V. 732; Grenier, III, 341.
(6) Coin-Delisle, *1049*, 9; Troplong, 2240; Demol., XXII, 420.
(7) Marcadé, *1049*, 2; Demolombe, XXII, 416; CONTRA Coin-Delisle, *1048*. 9; Troplong, 2219.
(8) Demolombe, XXII, 4.16 *bis*.
(9) Coin-Delisle, *1048*, 9; Troplong, 2216; Demolombe, XXII, 417; Cass., 24 juin 1813.
(10) Demolombe, XXII, 414.

212. Par enfants au premier degré, la loi entend les enfants qui viennent immédiatement après les grevés et non pas ceux au degré le plus proche ; par conséquent il n'est pas permis au père ou au frère qui dispose au profit de son fils ou de son frère, dont les enfants sont prédécédés, laissant eux-mêmes des enfants, de le grever de restitution au profit de ces derniers (1).

213. Les dispositions permises par les art. 1048 et 1049 ne sont valables qu'autant que la charge de la restitution est au profit de tous les enfants nés et à naître du grevé, sans exception ni préférence d'âge ou de sexe (C. C. 1050), qu'ils soient légitimes ou légitimés ; mais les enfants naturels (2) ou adoptifs (3) n'y ont pas droit. Si la charge de restitution était faite en même temps au profit des enfants du grevé et au profit des enfants d'un tiers, la disposition toute entière serait nulle (4).

214. Le testateur peut fixer la restitution à une époque autre que celle de la mort du grevé : soit à l'époque de la majorité ou du mariage des appelés, soit même seulement à l'époque que le grevé lui-même jugerait convenable ; mais, bien entendu, sous la réserve des droits éventuels des enfants à naître jusqu'au décès du grevé (5).

215. Le prédécès ou l'incapacité du grevé qui rend caduc le legs en premier ordre n'entraîne pas la caducité de la substitution ; dans ce cas, le legs profite aux appelés comme venant prendre la place du grevé (6), ce qu'il est utile de stipuler par une disposition particulière.

216. La répudiation par le grevé du legs qui lui a été fait n'entraîne pas non plus la caducité de la substitution et ne saurait nuire aux appelés (7).

217. En cas d'incapacité ou de répudiation, s'il y a des enfants, leurs droits sont ouverts provisoirement sous la condition du règlement définitif entre tous les appelés après la mort du grevé ; s'il n'y en a pas encore, les biens faisant l'objet du legs restent aux héritiers, à la charge de les restituer aux enfants du légataire incapable ou renonçant, s'il vient à en naître (8).

218. Le disposant à charge de rendre peut, par l'acte même contenant la charge de rendre, ou par un acte postérieur, en forme authentique, devant notaire ou devant le juge de paix (arg. C. C. 392, 398), ou même par testament, qui peut être olographe (9), nommer un tuteur chargé de l'exécution de ses dispositions à charge de rendre ; ce tuteur ne peut être dispensé que pour l'une des causes exprimées art. 427 et suiv. du C. C. (C. C. 1055). Comme le tuteur à la substitution n'a qu'une mission de surveillance, il n'est pas grevé d'hypothèque légale et il ne lui est pas donné de subrogé-tuteur.

mon frère, la moitié des biens meubles et immeubles qui composeront ma succession ; et je le charge de conserver et de rendre à son décès tous les biens meubles et immeubles qu'il recueillera en vertu du présent legs à ses enfants légitimes nés et à naître au premier degré.

Ou à la charge de rendre à ses enfants légitimes nés et à naître au premier degré, à l'époque de leur majorité ou de leur mariage, s'il a lieu auparavant, tous les biens, etc..., sauf règlement entre eux à l'époque de son décès.

4° *Prédécès, répudiation, incapacité.*

Si mon légataire me prédécède, ce legs passera à ses enfants et autres descendants légitimes, sans charge de restitution. S'il me survit, mais qu'il ne le recueille pas, les droits de ses enfants s'il en a, seront ouverts à ma mort, sauf règlement définitif au décès du père ; sinon les biens resteront à mes héritiers à charge de restitution quand il en naîtra.

5° *Tuteur.*

Je nomme pour tuteur à la charge de rendre, ci-dessus mentionnée, M. Charles BARREAU ; je le prie de vouloir bien accepter cette mission et de veiller à l'exécution de mes dispositions à charge de rendre.

(1) Toullier, V, 726 ; Coin-Delisle, *1048*, 4 ; Troplong, 2222 ; Marcadé, *1050*, 5 ; Demolombe, XXII, 430 : CONTRA Duranton, IX, 526 ; Duvergier sur Toullier, V, 728.

(2) Demolombe, XXII, 412, 423 ; Caen, 2 déc. 1847 ; Paris, 27 avril 1868 ; *Rép. Gén.* Defrénous, n° 413.

(3) Demolombe, XXII, 424.

(4) Troplong, 2224 ; Demolombe, XXII, 422 ; Cass., 27 juin 1811.

(5) Demolombe, XXII, 456.

(6) Toullier, V, 594 ; Troplong, 2246 ; Saintespès, V, 1750 ; Demolombe, XXII, 664 ; CONTRA Marcadé, *1052*, 5.

(7) Coin-Delisle, *1053*, 11 ; Toullier, V, 793, 794 ; Troplong, 2247 ; Demolombe, XXII, 659 à 662 ; CONTRA Marcadé, *1053*, 8.

(8) Demolombe, XXII, 660.

(9) Coin-Delisle, *1055*, 2 ; Troplong, 2256 ; Saintespès, V, 1762 ; Demolombe, XXII, 467 ; CONTRA Toullier, V, 747 ; Marcadé, *art. 1055*.

§ VIII. — DU LEGS AVEC CLAUSE PÉNALE

219. La condition imposée par le testateur à son légataire, de ne pas attaquer ses dispositions testamentaires, sous peine d'être privé du bénéfice du legs, constitue une *clause pénale* qui doit être encourue toutes les fois que la demande en nullité est fondée sur un motif d'intérêt purement privé (1) ; il en est ainsi de la condition d'opter entre son legs et la réserve (2).

220. Il en est autrement si l'action en nullité est fondée sur un motif d'ordre public, ce qui a lieu quand la clause pénale a pour but de priver l'héritier de sa réserve (3) et de valider soit une substitution (4), soit une disposition au profit d'un incapable (5), soit un vice de forme dans le testament (6) ; ou encore d'assurer l'exécution soit d'une libéralité qui serait l'œuvre de la captation ou de la suggestion (7), soit d'une condition contraire aux lois et à l'ordre public (8). Dans ces différents cas, la clause pénale est réputée non écrite, conformément à l'art. 900 C. C.

221. La clause pénale n'est pas encourue quand la contestation ne met pas en question l'existence même des dispositions testamentaires, mais concerne seulement leur exécution (9).

222. La clause pénale est souvent insérée dans les *partages d'ascendants,* où les questions à ce sujet trouveront leur place.

Formule 18°

Clause pénale

Celui ou ceux de mes enfants qui se refuseront à l'exécution des dispositions qui précèdent seront privés de toute part dans la portion de mes biens dont la loi me laisse la libre disposition ; et, pour ce cas, je lègue les parts des contestants dans ladite portion disponible de ma succession, à ....

Ou N.... ne pourra critiquer aucune des dispositions renfermées dans le présent testament, à peine d'être déchu de son legs universel.

§ IX. — DE L'EXÉCUTEUR TESTAMENTAIRE

223. Le testateur, dans le but d'assurer l'exécution fidèle de son testament, peut nommer un ou plusieurs exécuteurs testamentaires (C. C. 1025, 1031). Cette nomination n'est permise que par testament olographe, public ou mystique, qui peut ne contenir aucune autre disposition (10).

224. L'exécution testamentaire constitue un mandat conféré par le testateur : c'est de ce dernier lui-même que l'exécuteur testamentaire est le mandataire et non pas des héritiers ni des légataires (11).

225. Il en résulte que la personne nommée peut accepter ou refuser (12) [C. C. 1984] ; mais après avoir accepté elle ne peut renoncer au mandat que dans les termes de l'art. 2007 (13).

Formule 19°

Nomination d'exécuteur testamentaire

1° Un seul.

Je nomme pour mon exécuteur testamentaire M. Louis ROUSSET.

2° Plusieurs.

Je nomme pour mes exécuteurs testamentaires, M. Charles DESLYS, et M. Eloi BOREL.

(1) Troplong, 264 ; Larombière, *1226*, 3 ; Demolombe, XVIII, 269 ; Cass., 22 déc. 1845, 10 juill. 1849, 18 janv. 1858, 29 juill. 1861.

(2) Orléans, 5 fév. 1870 ; Cass., 9 janv. 1872 ; *Rép. Gén.* Defrénois, t. II.

(3) Demolombe, XVIII, 282 ; Paris, 28 janv. 1853 ; Colmar, 17 avril 1867 ; Cass., 9 déc. 1862, 14 mars et 30 mai 1866, 7 juill. 1868 ; *Rép. Gén.* Defrénois, n° 427 ; Nîmes, 10 janv. 1870 ; *ibid.*, t. II.

(4) Coin-Delisle, *896*, 50 ; Troplong, 265 ; Demolombe, XVIII, 187 ; Cass., 14 déc. 1815, 30 juill. 1827 ; Bordeaux, 30 juill. 1832.

(5) Troplong, 246 ; Demolombe, XVIII, 284 ; Cass., 14 déc. 1825.

(6) Troplong, 266 ; Demolombe, XVIII, 285 ; arg. Cass. 29 juill. 1861.

(7) Demolombe, XVIII, 286 ; Cass., 27 mars 1855.

(8) Troplong, 264 ; Demolombe, XVIII, 217, 281 ; Paris, 11 mai 1854, 12 nov. 1858 ; Cass., 9 déc. 1862.

(9) Bourges, 15 fév. 1860 ; Cass., 27 juill. 1870 ; *Rép. Gén.* Defrénois, t. II.

(10) Marcadé, *art. 1025* ; Coin-Delisle, p. 486, n° 6 ; Demolombe, XXII, 21, 22 ; Gand, 8 fév. 1858.

(11) Coin-Delisle, p. 486, n° 4 ; Troplong, *mandat*, 728, et don., 1091 ; Marcadé, *art. 1025* ; Demolombe, XXII, 5.

(12) Toullier, V, 577 ; Duranton, IX, 391 ; Coin-Delisle, p. 487, n° 11 ; Demolombe, XXII, 7.

(13) Toullier, V, 577 ; Duranton, IX, 392 ; Saintespès, V, 1543 ; Demolombe, XXII, 8.

226. Il en résulte aussi que l'exécution testamentaire peut être conférée à un incapable de remplir une fonction publique ou civile, par exemple : un étranger non naturalisé (1), une femme (2) ; comme aussi à l'héritier du testateur, l'un des légataires, le conseil de tutelle nommé à la mère tutrice (3).

227. L'exécution testamentaire étant gratuite comme le mandat (C. C. 1986), peut être conférée à une personne incapable de recevoir du testateur (4), comme son tuteur ou son ex-tuteur, le médecin qui l'a soigné pendant sa dernière maladie ou le ministre du culte qui l'a assisté (5), son enfant naturel, son conjoint en secondes noces déjà avantagé pour toute la quotité disponible (6). Il peut aussi être l'un des témoins instrumentaires (7) ou même le notaire qui reçoit le testament (8) ; à la condition, dans les deux cas, qu'aucune rémunération n'y soit attachée (9).

228. Celui qui est incapable de s'obliger ne peut pas être exécuteur testamentaire (C. C. 1028) ; en effet ce mandataire étant imposé aux héritiers ou légataires doit présenter la garantie de sa responsabilité personnelle (10).

229. Ainsi, la femme mariée ne peut accepter l'exécution testamentaire qu'avec le consentement de son mari ; si elle est séparée de biens, soit par contrat de mariage, soit par jugement, elle le peut avec le consentement de son mari, ou à son refus, avec l'autorisation de justice (C. C. 1029) ; ce qui s'applique à la femme mariée sous le régime dotal lorsqu'elle a des biens paraphernaux (11). — Quant au mineur, il ne peut être exécuteur testamentaire, même avec l'autorisation de son tuteur ou curateur (art. 1030) ; ce qui s'applique à l'interdit, à celui qui est assisté d'un conseil judiciaire, à celui qui a été placé dans une maison d'aliénés (12).

230. S'il y a plusieurs exécuteurs testamentaires qui aient accepté, un seul peut agir au défaut des autres ; et ils sont solidairement responsables du compte du mobilier qui leur a été confié, à moins que le testateur n'ait divisé leurs fonctions, et que chacun d'eux ne se soit renfermé dans celle qui lui était attribuée (C. C. 1033).

231. Le testateur peut donner aux exécuteurs testamentaires la saisine du tout, ou seulement d'une partie de son mobilier (C. C. 1026), quand même elle s'étendrait à la réserve (13) ; mais non de ses immeubles (14).

232. La saisine ne peut durer au-delà de l'an et jour, à compter du jour de son décès (C. C. 1026) ; c'est ce délai qui est applicable quand le testateur n'en a pas fixé un moindre. Le testateur ne saurait étendre la saisine à une durée plus longue que

---

3° *Exécutrice testamentaire remplacée en cas de décès ou de refus.*

Je nomme pour mon exécutrice testamentaire Mme Charlotte-Estelle RICHARD, veuve de M. Honoré PILLET, demeurant à ..., et en cas de prédécès de ladite dame ou si elle refuse d'accepter cette mission, elle sera remplacée par M. Victor MEUNIER, avocat, demeurant à ....

4° *Exécuteurs testamentaires séparés.*

Je nomme pour mes exécuteurs testamentaires et charge de la mission de faire exécuter mes dispositions contenues tant au présent testament que dans tous autres qui existeraient à mon décès, savoir : M. Léon DUTERTRE, ancien magistrat, demeurant à ..., en ce qui concerne les dispositions relatives à mes biens situés en France, et M. Louis MONNIER, négociant, demeurant à Alger, en ce qui concerne les dispositions relatives à mes biens situés en Algérie.

5° *Saisine.*

Je donne à mon exécuteur testamentaire la saisine de mon mobilier pendant une année, du jour de mon décès.

6° *Saisine à des exécuteurs séparés.*

Mes exécuteurs testa-

---

(1) Troplong, 2009 ; Demolombe, XXII, 9 ; Colmar, 8 nov. 1821.

(2) Demolombe, XXII, 9.

(3) Troplong, 2012 ; Saintespès, V, 1556 ; Demolombe, XXII, 10 ; Colmar, 8 nov. 1821.

(4) Toullier, V, 580 ; Coin-Delisle, p. 487, n° 9 ; Troplong, 653 et 2010 ; Demolombe. XXII, 11 ; Pau, 24 août 1825.

(5) Demolombe, XXII, 11 ; Pau, 24 août 1825.

(6) Duranton, IX, 395 ; Troplong, 2010 ; Demolombe, XXII, 11.

(7) Duranton, IX, 395 ; Coin-Delisle. p. 487, n° 9 ; Demolombe, XXII, 11.

(8) Toullier, V, 401 ; Demolombe, XXII, 11 ; Gand, 12 avril 1839.

(9) Paris, 5 fév. 1833 ; Douai, 15 janv. 1834 ; voir cependant Demolombe, XXII, 19.

(10) Demolombe, XXII, 24.

(11) Duranton, IX, 394 ; Troplong, 2015 ; Colmet, IV, 174 bis ; Demolombe, XXII, 27.

(12) Demolombe, XXII, 30.

(13) Colmet, IV, 174 bis ; Demolombe, XXII, 51 ; Paris, 18 déc. 1871 ; Rép. Gén. Defrénois, 1, II ; CONTRA Duranton, IX, 401 ; Taulier, IV, p. 167.

(14) Coin-Delisle, 1026, 2 ; Marcadé, 1026, 2 ; Troplong, 1995 ; Saintespès, V, 1540 ; Demolombe, XXII, 47 ; Pau, 7 déc. 1861.

l'an et jour (1), de même que le juge ne pourrait la prolonger (2) ; mais le délai ne commence pas à courir du jour du décès du testateur dans les deux cas suivants : 1° Si le testament, ignoré à l'époque du décès du testateur, n'a été connu que depuis, à plus forte raison quand il a été caché ou retenu par les héritiers ; 2° Si l'exécuteur testamentaire a été empêché d'exercer la saisine par des contestations élevées contre l'exécution du testament (3).

233. Dans l'usage, le testateur fait un legs à son exécuteur testamentaire, ou lui attribue, sous la dénomination de diamant, un honoraire pour la rémunération de son temps et de ses soins (4). Cette rémunération peut consister en un *tant* pour cent fixé par le testateur (5). Si le legs à l'exécuteur testamentaire a été fait en considération de la charge qui lui est imposée, il est caduc en cas de refus d'exécuter le mandat, sauf aux magistrats à lui accorder une partie du legs si le refus d'exécution n'est que partiel (6).

234. Le testateur peut conférer à l'exécuteur testamentaire tous les pouvoirs nécessaires pour l'accomplissement de ses dispositions, alors même qu'ils seraient plus étendus que ceux déterminés par la loi (7) ; ainsi, on a validé une disposition testamentaire par laquelle le testateur, après avoir légué à plusieurs conjointement une quotité déterminée de ses biens, a confié à un tiers le soin d'en faire la répartition entre les légataires, suivant le partage et dans la proportion qu'il jugera le plus convenable (8). On considère aussi comme valable le pouvoir conféré à l'exécuteur testamentaire de vendre les immeubles pour acquitter directement les legs ou les autres charges imposées par le testateur à ses héritiers (9). Enfin, on décide que le testateur peut charger son exécuteur testamentaire de vendre tout ou partie des immeubles de sa succession lorsqu'il n'a pas d'héritiers à réserve, ou s'il y en a, jusqu'à concurrence de la quotité disponible, afin de les convertir en argent et de faire la répartition des prix entre les héritiers ou ses légataires (10) ; et même de procéder à la vente des immeubles dans la forme qu'il jugera convenable (11) et d'en toucher le prix afin de ne répartir entre ses légataires que des sommes d'argent (12). L'exécuteur testamentaire auquel le pouvoir de vendre a été conféré doit appeler à la vente les héritiers ou autres successeurs universels (13) ; mais il n'est pas tenu de vendre judiciairement, alors même que la succession aurait été acceptée sous bénéfice d'inventaire (14), à moins cependant que parmi les héritiers ou autres successeurs il n'y ait des mineurs ou autres incapables (15).

mentaires auront la saisine pendant une année, du jour de mon décès : M. DuTERTRE de mon mobilier de France, et M. MONNIER, de mon mobilier d'Algérie.

7° *Legs à l'exécuteur testamentaire.*

Je prie M. ROUSSET d'accepter, à raison de sa mission d'exécuteur testamentaire, un diamant de la valeur de 6,000 fr., payable dans les six mois de mon décès.

8° *Vente des meubles et immeubles.*

Je nomme pour mon exécuteur testamentaire M. Louis ALLIX, avocat...

Il aura la saisine de mon mobilier pendant une année, du jour de mon décès.

En outre je lui confère le mandat le plus formel et le charge expressément de réaliser tous les biens meubles et immeubles de ma succession, afin de les convertir en argent. Et lui donne tous pouvoirs à l'effet de : vendre, céder et transférer sans formalité de justice, comme pourrait le faire un plein propriétaire, et quand même il y aurait des incapables parmi mes héritiers (*ou mes légataires*), tous les biens meubles et immeubles de ma succession, aux prix et conditions et dans la forme qu'il jugera convenable ; toucher

(1) Marcadé, *1026.* 2 ; Demolombe, XXII, 48, 49 ; Colmet, IV, 171 *bis* ; Troplong, 2000 ; Pau, 7 déc. 1864 ; Cass., 20 mai 1867 ; CONTRA Duranton, IX, 400.
(2) Bayle-Mouillard, III, 330 ; Saintespès, V, 1540 ; Demolombe, XXII, 49 ; CONTRA Grenier, III, 330 ; Troplong, 1999.
(3) Toullier, V, 591 ; Duranton, IX, 399 ; Marcadé, *1026.* 2 ; Troplong, 1999 ; Demolombe, XXII, 50 ; Bastia, 1er juin 1822.
(4) Toullier, V, 580 ; Duranton, IX, 395 ; Coin-Delisle, p. 488, n° 12 ; Marcadé, *art. 1013* ; Demolombe, XXII, 12-18.
(5) Paris, 9 nov. 1864 ; *Rép. Gén.* Defrénois, n° 405.
(6) Demolombe, XXII, 15 ; Lyon, 7 avril 1833.
(7) Demolombe, XXII, 84 ; Cass., 26 août 1847.
(8) Demolombe, XXII, 87 *bis* ; Metz, 13 mai 1864.
(9) Demolombe, XXII, 90 ; Bruxelles, 8 avril 1843.

(10) Toullier, V, 582 ; Duranton, IX, 411 ; Troplong, 2026 ; Demolombe, XXII, 90, 91 ; Seine, 19 avril 1812 ; Douai, 26 août 1847 ; Cass., 8 août 1848, 17 avril 1855 ; Orléans, 19 juill. 1854 ; Paris, 8 juill. 1856 ; Rennes, 22 août 1860 ; Douai, 27 janv. 1864 ; CONTRA Riom, 24 juin 1839.
(11) Cass., 8 août 1848, 17 avril 1855 ; Douai, 27 janv. 1864.
(12) Demolombe, XXII, 92 ; Metz, 13 mai 1869 ; *Rép. Gén.* Defrénois, n° 404.
(13) Douai, 26 août 1847 ; Cass., 8 août 1848 ; Paris, 8 juill. 1856 ; voir Rennes, 21 août 1860.
(14) Demolombe, XXII, 93 ; Trib. Tours, 11 mai 1834 ; Orléans, 19 juill. 1854 ; Cass., 17 avril 1855.
(15) Trib. Tours, 8 juill. 1846 ; Paris, 13 août 1849 ; CONTRA Troplong, 270 ; Demolombe, XXII, 93.

235. Les pouvoirs de l'exécuteur testamentaire ne pouvant être étendus que comme exécution des dispositions testamentaires, le testateur ne peut pas lui conférer le mandat de payer ses dettes, et de vendre à cet effet les biens meubles ou immeubles de sa succession (1). Il en est autrement quand le mandat de payer les dettes est un moyen d'accomplissement de son mandat d'acquitter les legs ; par exemple si le mandat est de vendre tous les immeubles de la succession pour en verser le prix entre les mains des légataires après l'acquittement des charges et des legs particuliers (2).

les prix, ainsi que toutes sommes dues à ma succession ; donner quittances et main levées ; acquitter le passif et payer mes legs particuliers ; puis enfin distribuer ce qui restera entre mes héritiers (ou légataires universels) dans la proportion de leurs droits.

§ X. — DE LA RÉVOCATION ET DE LA CADUCITÉ DES TESTAMENTS

I. — RÉVOCATION EXPRESSE

236. Les testaments ne peuvent être révoqués, en tout ou en partie, que par un testament postérieur ou par un acte devant notaire, portant déclaration du changement de volonté (C. C. 1035). La révocation ne peut être verbale (3) ; néanmoins on peut, dans le but de se faire allouer des dommages et intérêts, établir que le testateur a été empêché, par des manœuvres frauduleuses, de révoquer son testament (4).

237. Le testament portant révocation d'un précédent peut être notarié, mystique ou olographe, quelle que soit la forme du précédent ; et, même quand il est olographe, il n'est pas nécessaire qu'il renferme en outre une disposition de biens (5). Si, passé devant notaire, il est nul comme testament, il peut cependant produire son effet s'il est valable comme acte notarié (6), *infra* n° 238 ; mais quand la clause révocatoire se trouve dans un testament renfermant des dispositions nouvelles, sa nullité entraîne celle de la clause révocatoire (7). Si le testament est valable en la forme, mais que les dispositions nouvelles, pour une cause quelconque, soient nulles en tout ou en partie, il appartient aux juges du fonds de décider, par une appréciation des faits, si la volonté du testateur a été de la soumettre à la condition de l'exécution des dispositions nouvelles (8).

238. L'acte notarié portant déclaration du changement de volonté est soumis, non pas aux solennités spéciales du testament par acte public, mais aux formes exigées par la loi du 25 ventôse an XI pour les actes notariés ; la présence effective des témoins instrumentaires y est requise sous peine de nullité *(L. 21 juill. 1843, art. 2)* ; enfin cet acte doit être reçu en minute et non en brevet (9).

Formule 20ᵉ
—
Révocation de testament

1° Générale.

Je révoque tous testaments et toutes autres dispositions à cause de mort que j'ai pu faire avant le présent testament, qui sera seul exécuté comme contenant mes dernières volontés.

2° Révocation de legs.

Je révoque le legs de 20,000 fr. que j'ai fait à N..., suivant mon testament reçu par Mᵉ..., le....

3° Révocation par acte notarié.

PAR-DEVANT Mᵉ
A COMPARU M. Luc Devin, rentier, demeurant à...

Lequel a, par ces présentes, déclaré qu'il révoque purement et simplement son testament reçu par Mᵉ..., notaire à..., le...

Voulant qu'il soit considéré comme non avenu et ne produise aucun effet.

DONT ACTE, etc.

---

(1) Demolombe, XXII, 88 ; Riom, 24 juin 1839.

(2) Troplong, 2026 ; Demolombe, XXII, 89 ; Douai, 26 août 1847 ; Cass., 8 août 1848.

(3) Demolombe, XXII, 139 ; Cass., 31 mars 1857.

(4) Demolombe, XXII, 135 ; Agen, 30 juill. 1831 ; Cass., 15 mai 1860.

(5) Toullier, V, 633 ; Duranton, IX, 431 ; Coin-Delisle, 1055, 7 ; Troplong, 2031 ; Demolombe, XXII, 141 ; Colmar, 22 juin 1831 ; Bordeaux, 27 mars 1846 ; Cass., 17 mai 1814, 7 juin 1832, 10 janv. 1865 ; Caen. 22 juill. 1868 ; Rép. Gén. Defrénois, nᵒ 406, CONTRA Marcadé, 1055, 2 ; Saintespès, V, 1598.

(6) Coin-Delisle, 1055, 9 ; Demolombe. XXII, 148 ; Poitiers, 5 déc. 1834 ; Cass., 1ᵉʳ juin 1870 ; Rép. Gén. Defrénois, t. II.

(7) Grenier et Bayle-Mouillard, III, 342 Coin-Delisle, 1055, 8 ; Troplong. 2050 ; Colmet, IV, 184 bis ; Demolombe, XXII, 155 ; Cass., 2 mars 1830, 14 juill. 1839, 10 avril 1855 ; Nîmes, 3 août 1807 ; Rép. Gén. Defrénois, nᵒ 410 ; CONTRA Toullier, V, 620 ; Duranton, IX, 438 ; Taulier, IV, p. 471 ; Marcadé, 1055, 3 ; Saintespès, V, 1599.

(8) Demolombe, XXII, 158 ; Paris, 25 mars 1859 ; Cass, 5 juill. 1858, 10 juill. 1860 ; Caen. 17 janv. 1865.

(9) Saintespès, V, 1602 ; Troplong, 2052 ; Demolombe, XXII, 145 ; CONTRA Coin-Delisle, 1055, 4.

239. Si la déclaration de révocation est renfermée dans une donation entre-vifs non acceptée par le donateur, elle ne produit pas moins son effet comme révocation (1).

240. On décide assez généralement que la rétractation d'une révocation pure et simple, a pour effet de faire revivre de plein droit le testament révoqué (2); mais que, quand la révocation a été faite dans un second testament renfermant des dispositions nouvelles, il est nécessaire que le testateur manifeste sa volonté de faire revivre le premier testament (3). On décide aussi que la rétractation peut être faite par une déclaration dans la forme d'un simple acte devant notaire, comme la révocation (4).

241. Néanmoins, il est préférable d'employer la forme testamentaire, comme aussi de reproduire sommairement les dispositions que le testateur a la volonté de faire revivre; ne pourrait-on pas, en effet, considérer que la révocation a eu pour résultat d'anéantir les dispositions du testament révoqué, et, s'il en était ainsi, elles ne pourraient revivre que par une nouvelle expression de la volonté du testateur, formellement exprimée (5).

II. — RÉVOCATION TACITE

242. Les testaments postérieurs qui ne révoquent pas d'une manière expresse les précédents, n'annulent dans ceux-ci que celles des dispositions y contenues qui se trouvent incompatibles avec les nouvelles ou qui y sont contraires (C. C. 1036). Si le testateur déclare dans un testament authentique qu'il n'a fait aucune disposition antérieure, cette déclaration n'emporte pas révocation d'un premier testament olographe, alors surtout que les dispositions du second testament ne sont pas inconciliables avec celles du premier (6).

243. En principe, et sauf l'appréciation contraire qui appartient au juge (7), on décide : — 1° Que le legs universel est révoqué par un legs universel postérieur au profit d'une autre personne (8), mais non par un legs à titre universel (9), ni, à plus forte raison, par des legs particuliers (10); — 2° Que le legs à titre universel n'est pas révoqué par un legs universel postérieur (11), ni par un autre legs à titre universel, à moins qu'une même quotité ne soit donnée par deux testaments successifs, comme, par exemple, un quart quand le testateur a trois enfants (12), ni, à plus forte raison, par un legs particulier (13); — 3° Que le legs particulier n'est pas révoqué par un legs postérieur, qu'il soit universel, à titre universel ou particulier (14); mais qu'il est révo-

Formule 21°

Rétractation de l'acte révocatoire

Je déclare rétracter expressément un acte passé devant Mᵉ..., le..., contenant révocation de mon testament reçu par ledit Mᵉ..., le....

Ma volonté formelle étant de faire revivre toutes les dispositions contenues audit testament et dont l'énonciation suit (*les rappeler sommairement.*)

Voulant que ce testament produise tout son effet, de même que s'il n'avait pas été révoqué.

Formule 22°

Legs mis à la charge d'une disposition antérieure

Par mon testament en date du..., j'ai institué pour mon légataire universel, Louis CALET, mon neveu, demeurant à....

Sans révoquer ce testament qui continuera de produire son effet, à la charge de l'exécution des dispositions ci-après, je lègue :

1° A Eloi NORET, un quart des biens meubles et immeubles que je laisserai à mon décès;

2° Et à Félix BAULT, une somme de dix mille francs

---

(1) Marcadé, *1038*, 3; Coin-Delisle, *1038*, 5; Troplong, 2090; Demolombe, XXII, 228; Cass., 25 avril 1825, 16 avril 1845; CONTRA Paris, 11 mai 1847.

(2) Demolombe, XXII, 161.

(3) Grenier et Bayle-Mouillard, III, 347; Troplong, 2065; Demolombe, XXII, 164; Caen, 24 avril 1841; Grenoble, 23 avril 1842; Cass., 7 janv. 1843; Lyon, 18 mars 1847; Metz, 12 déc. 1866; CONTRA Duranton, IX, 441; Coin-Delisle, *1035*, 12.

(4) Marcadé, *1036*, 2; Troplong, 2065; Demolombe, XXII, 164; Cass., 22 mars 1837; Dijon, 8 mars 1838; Caen, 24 avril 1841.

(5) Voir Cass., 7 nov. 1853; Paris, 23 mars 1872; *Rép. Gén.* Defrénois, t. II; CONTRA Demolombe, 163-164.

(6) Trib. Versailles, 7 janv. 1870; *Rép. Gén.* Defrénois, t. II.

(7) Marcadé, *1036*, 2; Troplong, 2069; Demolombe, XXII, 170; Riom, 11 mars 1856; Grenoble, 26 mars 1839; Paris, 7 nov. 1862, 23 déc. 1867; Lyon, 3 mars 1869; *Rép. Gén.* Defrénois, n° 407, 3°; Cass., 22 juin 1831, 29 mai 1832, 8 juill.

1835, 30 mars 1841, 10 mars 1851, 5 avril 1870, 6 nov. 1871; *Rép. Gén.* Defrénois, t. II.

(8) Duranton, IX, 445; Taulier, IV, p. 175; Colmet, IV, 183 *bis*; Demolombe, XXII, 173; Paris, 9 janv. 1872; *Rép. Gén.* Defrénois, t. II; CONTRA Toullier, V, 646; Coin-Delisle, *1036*, 5; Troplong, 2076.

(9) Demolombe, XXII, 175; Cass., 2 juill. 1867.

(10) Coin-Delisle, *1036*, 8; Demolombe, XXII, 176; Cass., 29 mai 1832.

(11) Duranton, IX, 447; Colmet, IV, 383 *bis*: Demolombe, XXII, 177; Cass., 5 fév. 1839, 30 mars 1841; voir aussi Coin-Delisle, *1036*, 6; Troplong, 2078; Paris, 18 juill. 1831.

(12) Demolombe, XXII, 178.

(13) Demolombe, XXII, 179.

(14) Coin-Delisle, *1036*, 6; Demolombe, XXII, 180; Cass., 22 juin 1831, 4 avril et 20 mai 1832, 8 juill. 1835, 30 mars 1841, 19 juill. 1847, 4 juin 1867; Seine, 4 mars 1869; *Rép. Gén.* Defrénois, n° 407, 1°; Lyon, 16 juin 1871; *ibid.*, t. II.

qué par le legs à titre universel comprenant une nature de biens dans laquelle entre le legs particulier (1), comme aussi par le legs particulier postérieur du même objet (2) ; à moins que les legs ne soient tous deux de sommes d'argent (3).

244. Quand les dispositions anciennes et les dispositions nouvelles ont été faites successivement au profit d'un même légataire, il faut distinguer : — Si ce sont deux legs universels, le dernier confirme le précédent ; — si le premier legs est universel et que le deuxième soit à titre universel, il y a révocation du premier (4) ; décidé que le legs de l'universalité en pleine propriété est révoqué en ce qui concerne la nue propriété par le legs ou le don de l'universalité en usufruit (5) ; — si le premier est universel ou à titre universel et que le deuxième soit un legs particulier, il n'est pas révoqué par ce dernier legs, sauf aux juges à rechercher l'intention du testateur (6) ; — si le premier et le deuxième legs sont tous deux à titre universel, il y a confirmation quand c'est la même quotité, ou réformation si la fraction nouvelle est supérieure ou inférieure (7) ; — si le premier legs est de tous les meubles et le deuxième de tous les immeubles, ou *vice versa*, on ne saurait y voir une présomption de révocation, sauf à apprécier la volonté du testateur par les autres dispositions du testament ou par les circonstances du fait (8) ; — si le premier et le deuxième legs sont tous deux à titre particulier, le dernier révoque le précédent quand ils ont pour objet une même chose ; par exemple, le legs d'un immeuble en pleine propriété est révoqué par le legs en usufruit du même immeuble (9) ; il en est ainsi, encore, du legs d'une même chose fait purement et simplement par un premier testament et sous condition par un deuxième (10), alors même que cette condition est une substitution prohibée qui rend nul le testament (11) ; — si les legs successifs à titre particulier sont de sommes d'argent, ou de quantités, ou de corps certains différents, il y a révocation quand le testateur déclare substituer le dernier legs au précédent (12) ; mais si le testateur ne s'est pas expliqué dans son second testament, par exemple s'il a légué par un premier testament 10,000 fr., et par le second 12,000 fr., ou par un premier une rente de 1,000 fr., et par le second une rente de 1,500 fr., ou par le premier un immeuble, et par le deuxième un capital, ces legs ne sont ni incompatibles ni contraires, et ils peuvent être réclamés cumulativement (13), sauf l'appréciation de la volonté du testateur, par exemple, s'il exprime une même cause pour les deux legs, comme s'il est dit que c'est pour sa dot (14), ou qu'après avoir fait un legs à un successible pour sa dot, il lui constitue cette même dot par contrat de mariage (15).

payable dans les six mois de mon décès, avec intérêt à 5 p. 100 par an, à partir du même jour.

Formule 23ᵉ

—

Legs à la même personne par testaments successifs

1° Legs à titre universel.

Je lègue, par préciput et hors part, à Léon Poilly, mon neveu, la moitié des biens meubles et immeubles qui composeront ma succession ; dans lequel legs se confondra le quart que je lui avais déjà légué aux termes de mon précédent testament en date du.....

2° Legs particulier.

Je lègue à Clarisse Tilloy, ma nièce, par préciput et hors part, une somme de quinze mille francs, payable dans les trois mois de mon décès, sans intérêt ; dans lequel legs se confondra celui d'une somme de dix mille francs que je lui avais précédemment fait par mon testament en date du...

3° Choses déterminées.

Je lègue à Charles Mège, une prairie sise à..., et ce, indépendamment de la maison située à...., que je lui ai léguée par mon précédent testament en date du.....

---

(1) Duranton, IX, 447 ; Demolombe, XXII, 181.

(2) Duranton, IX, 443 ; Colmet, IV, 183 *bis* ; Demolombe, XXII, 181 ; contra Toullier, V, 643 ; Marcadé, *art. 1036* ; Troplong, 2078.

(3) Demolombe, XXII, 182.

(4) Demolombe, XXII, 180.

(5) Angers, 4 déc. 1868 ; *Rép. Gén.* Defrénois, n° 407, 4° ; Paris, 23 mars 1872 ; *ibid.*, t. II ; voir cependant Dijon, 8 déc. 1869 ; *ibid.*, t. II.

(6) Coin-Delisle, *1036*. 8 ; Demolombe, XXII, 180 ; Cass., 29 mai 1832, 27 déc. 1869 ; Montpellier, 17 mars 1869 ; *Rép. Gén.* Defrénois, t. II

(7) Demolombe, XXII, 191.

(8) Demolombe, XXII, 193.

(9) Demolombe, XXII, 193.

(10) Demolombe, XXII, 194.

(11) Demolombe, XXII, 195 ; Poitiers, 6 mars 1847 ; Cass., 25 juill. 1849, 5 juill. 1858 ; Paris, 25 mars 1859 ; voir cependant Rouen, 25 juill. 1864 ; Cass., 15 janv. 1865

(12) Demolombe, XXII, 196 ; Bourges, 15 mars 1847.

(13) Coin-Delisle, *1036*, 8 ; Troplong, 2072 ; Demolombe, XXII, 197 ; Grenoble, 22 juin 1827 ; Riom, 8 nov. 1830 ; Bordeaux, 26 janv. 1842

(14) Troplong, 2072 ; Demolombe, XXII, 199 ; Cass., 8 juill. 1833.

(15) Troplong, 2079 ; Demolombe, XXII, 200 ; Rouen, 31 mars 1835 ; Paris, 29 avril 1851 ; Cass., 25 juin 1828, 27 avril 1852 ; contra Limoges, 12 juin 1852.

245. La révocation faite dans un testament postérieur a tout son effet, quoique ce nouvel acte reste sans exécution par l'incapacité de l'héritier institué, ou du légataire, ou par leur refus de recueillir (C. C. 1037), ou par leur prédécès, leur indignité ou leur ingratitude (1), ou pour cause de nullité, par exemple : si le legs est fait avec substitution (2), ou encore par l'obligation du rapport si le legs a été fait à un successeur (3); à moins qu'il ne résulte du testament la volonté de subordonner la révocation à l'exécution du legs postérieur (4). — Mais si le testament postérieur est nul pour vice de forme ou pour l'incapacité du testateur, par exemple, s'il a été fait par le pupille au profit de son tuteur (5), il est considéré comme inexistant et n'entraîne pas révocation (6).

246. Toute aliénation, même celle par vente avec faculté de rachat ou par échange, que fait le testateur de tout ou partie de la chose léguée, emporte la révocation du legs pour tout ce qui a été aliéné, encore que l'aliénation postérieure soit nulle et que l'objet soit rentré dans la main du testateur (C. C. 1038); et peu importe que la vente ait été faite sous condition résolutoire (7), mais non si elle a été faite sous une condition suspensive qui ne s'est pas accomplie (8). Il importe peu aussi que le legs soit d'une chose incorporelle; ainsi emportent révocation : le transfert de rentes sur l'État, d'actions ou obligations de compagnies, le transport d'une créance et même le remboursement, à moins que la créance n'ait été léguée comme quantité et non comme chose déterminée, *supra* n° 136. — Si l'aliénation n'est que partielle, le legs subsiste pour la partie non aliénée (9).

247. La donation entre-vifs de la chose léguée (10) et l'institution contractuelle (11), étant une aliénation, emportent révocation; et cette révocation conserve tout son effet quoique la nouvelle disposition reste sans exécution par l'incapacité de disposer du donateur, comme s'il s'agit d'une donation ou institution contractuelle portant sur des biens dotaux (12), par l'incapacité du donataire ou le défaut d'acceptation, *supra* n° 239, ou encore par la nullité de la donation, même pour vice de forme (13). Mais le testament n'est pas révoqué par la donation postérieure des biens donnés, si cette donation était soumise à une condition suspensive qui ne s'est pas réalisée (14).

248. L'aliénation, pour entraîner révocation, doit avoir été faite par le testateur, être la preuve d'un changement de volonté, ce qui ne saurait s'appliquer dans le cas d'aliénation forcée, résultant d'une saisie-exécution, de la licitation, d'une expropriation pour utilité publique, ni dans le cas de vente faite par le tuteur avec l'accomplissement des formalités judiciaires; pourvu que l'objet légué soit rentré dans le patrimoine du testateur (15). Mais le

Formule 24ᵉ

Révocation soumise à l'exécution du testament

Je révoque mon testament du...; néanmoins il revivra et conservera tout son effet si le présent testament, par une cause quelconque, ne recevait pas son exécution.

Formule 25ᵉ

Legs d'immeuble reporté sur le prix en cas de vente

Je lègue, par préciput et hors part, à Jean VALAT, mon neveu, une prairie sise à..., lieu dit..., section A, n° 125 du plan cadastral, contenant...; il en aura la pleine propriété et la jouissance du jour de mon décès.

Si je viens à vendre cet immeuble ou s'il est exproprié pour utilité publique, le prix sera substitué à l'immeuble; en conséquence, ce prix ou ce qui en restera dû, sera recueilli par M. VALAT, mon légataire, avec droit à l'intérêt à compter du jour de mon décès.

Si le prix a été touché en tout ou en partie, ce prix ou ce qui en aura été versé, lui sera payé par mes héritiers, dans les six mois de mon décès, avec intérêt à compter du même jour.

(1) Coin-Delisle, *1057*, 1 ; Troplong, 2084; Demolombe, XXII, 235; Cass., 13 mai 1833; Besançon, 23 janv. 1867.
(2) Demolombe, XXII, 195, 206; Cass., 25 juill. 1849, 23 juill. 1867.
(3) Seine, 22 fév. 1868 ; *Rép. Gén.* Defrénois, n° 409.
(4) Demolombe, XXII, 204.
(5) Cass., 11 mai 1864; CONTRA Demolombe, XXII, 208.
(6) Demolombe, XXII, 207; Cass., 22 août 1836.
(7) Coin-Delisle, *1058*, 4; Marcadé, *art. 1058*; Troplong, 2099; Duranton, IX, 459; Demolombe, XXII, 217.
(8) Toullier, V, 653; Marcadé, *1038*, 1; Troplong, 2099; Demolombe, XXII, 216; Caen, 25 nov. 1847; Rennes, 28 mars 1860; Cass., 15 mai 1860; CONTRA Duranton, IX, 459; Coin-Delisle, *1058*, 4; Paris, 13 mai 1823.

(9) Troplong, 2101 ; Demolombe, XXII, 233.
(10) Bordeaux, 6 juill. 1863.
(11) Angers, 4 déc. 1868 ; *Rép. Gén.* Defrénois, n° 408.
(12) Coin-Delisle, *1058*, 2 ; Demolombe, XXII, 224; Montpellier, 24 janv. 1825; Pau, 26 fév. 1868 ; *Rép. Gén.* Defrénois, n° 408.
(13) Bayle-Mouillard, III, 345 *bis*; Demolombe, XXII, 227; CONTRA Troplong, 2092; Saintespès, V, 1643.
(14) *Supra* note 8.
(15) Troplong, 2096; Saintespès, V, 1634; Demolombe, XX, 238; Angers, 29 mars 1838; Cass., 19 août 1862; CONTRA Toullier, V, 650; Duranton, IX, 458; Coin-Delisle, *1058*, 3; Cass., 28 fév. 1826.

legs n'est pas reporté sur le prix; et si la chose ne se retrouve pas dans le patrimoine du testateur, lors de son décès, le legs est caduc (1).

249. Il y a encore révocation tacite : 1° quand le testateur détruit la chose léguée ou en change la forme caractéristique (2); 2° quand il fait cesser la cause du legs : il en est ainsi du legs à un exécuteur testamentaire en cette qualité, lorsque par un testament postérieur il en nomme un autre à sa place (3); et du legs fait à un domestique s'il est encore au service du testateur lors de son décès (4), décidé qu'une domestique n'est plus réputée être au service du testateur lorsqu'elle est devenue sa femme (5); 3° quand le testateur détruit son testament en le brûlant, le déchirant, le raturant (6), ou le jetant au milieu de papiers vieux et inutiles, alors qu'il a soigneusement conservé en dépôt, chez un notaire, deux testaments postérieurs (7); à moins que la destruction n'ait eu lieu par un accident fortuit ou par le fait d'un tiers (8). Si le testateur, ayant fait plusieurs testaments tout à fait semblables, n'en a détruit qu'un seul, on ne saurait considérer comme étant révoqué tacitement l'original resté intact, et l'on ne serait pas admis à faire la preuve de l'intention du testateur de détruire aussi cet original (9), sauf le cas où cette destruction n'aurait pas été possible par la fraude d'un tiers (10); si le testateur n'a biffé ou raturé que quelques-unes de ses dispositions, les autres restent valables (11).

250. La preuve d'une révocation tacite ne résulterait pas de l'ancienneté du testament (12), ni de l'inimitié survenue entre le testateur et le légataire (13), ni de la survenance d'un enfant au testateur (14), même lorsque le testateur est mort dans l'ignorance de la grossesse de sa femme (15).

III. — RÉVOCATION JUDICIAIRE

251. La révocation des dispositions testamentaires peut être prononcée en justice : 1° pour cause d'inexécution des conditions apposées par le testateur; 2° si le légataire a attenté à la vie du testateur; 3° s'il s'est rendu coupable envers lui de sévices, délits ou injures graves (C. C. 954, 955, 1046); 4° s'il a commis une injure grave à la mémoire du testateur; dans ce cas, la demande doit être intentée dans l'année, à compter du jour du délit (C. C. 1047).

252. La révocation pour ces causes peut être demandée par toute personne qui doit en profiter; ainsi : un substitué, un colégataire conjoint, celui qui était chargé de délivrer le legs grevé de conditions, les héritiers légitimes pour les conditions imposées à un légataire universel dans l'intérêt d'un tiers ou du testateur lui-

Formule 26ᵉ

Révocation par cessation de cause

1° *Exécuteur testamentaire.*

Je nomme exécuteur testamentaire M. BERT, à la place de M. HUARD; par suite le legs de 6,000 fr. que j'avais fait à M. HUARD, se trouve révoqué.

2° *Domestique.*

J'avais légué à NODAC, mon valet de chambre, une somme de trois mille francs; comme il a cessé d'être à mon service, ce legs est révoqué.

3° *Survenance d'enfant.*

Le présent testament sera considéré comme nul et ne produira aucun effet si, à mon décès, je laisse un ou plusieurs enfants nés ou conçus.

Formule 27ᵉ

Inexécution des conditions

Je lègue à Léon MARCEL ma maison située à...; à la charge de servir à N..., une rente viagère de mille francs, laquelle rente devra, dans les trois mois de mon décès, être assurée par l'immatricule au nom de N..., comme usufruitière, d'un titre de 1,000 fr. de rente 5 p. 100.

(1) Demolombe, XXII, 239; Cass., 19 août 1862; voir cependant Troplong, 2096.
(2) Demolombe, XXII, 244.
(3) Troplong, 2103; Saintespès, V, 1653; Demolombe XXII, 245.
(4) Demolombe, XXII, 247.
(5) Caen, 28 janv. 1862; Cass., 15 déc. 1863.
(6) Toullier, V, 657; Duranton, IX, 466; Troplong, 2107; Coin-Delisle, 1055, 15; Marcadé, 1055, 3; Cass., 13 janv. 1834; 20 fév. 1837, 5 mai 1842; Paris, 22 janv. 1830, 10 juin 1852.
(7) Paris, 15 juill. 1869; Rép. Gén. Defrénois, t. II.
(8) Demolombe, XXII, 248.
(9) Coin-Delisle, 1058, 16; Troplong, 2112; Demolombe, XXII, 249; Cass., 5 mai 1824.
(10) Demolombe, XXII, 250; Caen, 4 juin 1841.

(11) Duranton, IX, 467; Troplong, 2111; Demolombe, XXII, 251; Nancy, 11 juin 1842; Limoges, 12 juin 1852.
(12) Coin-Delisle, 1055, 13; Demolombe, XXII, 260; Grenoble, 20 mars 1861.
(13) Coin-Delisle, 1055, 13; Demolombe, XXII, 262.
(14) Toullier, V, 670; Coin-Delisle, 1055. 13; Marcadé, art. 1046; Troplong, 2205; Demolombe, XXII, 263; Nîmes, 17 fév. 1840; Montpellier, 20 avril 1842; Douai, 30 janv. 1843; Limoges, 8 mai 1843; Caen, 8 fév. 1853; Cass., 23 janv. 1861; Grenoble, 20 mars 1861.
(15) Toullier, V, 670; Duranton, IX, 474; Colmet IV, 201 bis; Demolombe, XXII, 264; Nîmes, 17 fév. 1840; Limoges, 8 mai 1843; contra Troplong, 2205; Douai, 30 janvier 1843; Cass., 31 juill. 1861.

même (1); ils peuvent, s'ils le préfèrent, contraindre le légataire à l'exécution des conditions (2), ce qui est le seul droit conféré aux tiers dans l'intérêt desquels les conditions ont été établies (3).

IV. — CADUCITÉ DES LEGS

253. La disposition testamentaire est caduque, en conséquence est sans effet :

1° Quand celui en faveur de qui elle a été faite n'a pas survécu au testateur (C. C. 1039), même lorsqu'il s'agit d'un legs rémunératoire (4);

2° Quand le légataire décède avant l'accomplissement de la condition, lorsque la disposition a été faite sous une condition dépendante d'un événement incertain et telle que, dans l'intention du testateur, cette disposition ne doive être exécutée qu'autant que l'événement arrivera ou n'arrivera pas (C. C. 1040); dans ce cas le légataire n'en peut demander la délivrance, mais il peut faire des actes conservatoires, et même inscrire le privilège du légataire (5), *supra* n° 157; — mais la condition qui, dans l'intention du testateur, ne fait que suspendre l'exécution de la disposition, n'empêche pas l'héritier institué ou le légataire d'avoir un droit acquis et transmissible à ses héritiers (C. C. 1041);

3° Quand la chose léguée a totalement péri pendant la vie du testateur (C. C. 1042). Dans ce cas le legs est éteint et le légataire ne peut réclamer ni les débris, ni les accessoires; ainsi, le légataire n'a pas droit au cadre, quelque riche qu'il soit, du tableau légué dont la toile a été détruite du vivant du testateur (6). Mais si la perte n'a été que partielle, le legs reçoit son exécution pour ce qui reste; par exemple : s'il s'agit d'une maison détruite par un incendie pendant la vie du testateur, le sol et les matériaux s'y trouvant encore appartiennent au légataire (7);

4° Quand la chose léguée a totalement péri depuis la mort du testateur, sans le fait et la faute de l'héritier, quoique celui-ci ait été mis en demeure de la délivrer, lorsqu'elle eût également dû périr entre les mains du légataire (C. C. 1042);

5° Quand l'héritier institué ou le légataire répudie la disposition testamentaire, ou se trouve incapable de la recueillir (C. C. 1043);

6° Quand les valeurs de la succession sont épuisées par la réserve légale des héritiers.

V. — EFFETS DE LA RÉVOCATION ET DE LA CADUCITÉ

254. La révocation ou la caducité d'un legs profite à celui qui était chargé de l'acquitter ou au préjudice duquel il aurait reçu son exécution. Dès lors la révocation du legs en usufruit profite au légataire de la nue propriété (8); et celui qui a le droit de profiter de la révocation ou de la caducité a seul qualité d'agir en justice pour faire déclarer que le legs soit révoqué ou caduc (9).

255. Celui qui profite de la révocation ou de la caducité d'une disposition testamentaire est tenu d'exécuter les charges et d'acquitter les legs en sous-ordre dont elle était grevée (10).

A défaut d'exécution de cette convention, etc. *(voir infra*, formule 29).

Formule 28ᵉ

Caducité de legs

1° *Prédécès*.

Le legs en faveur de Clara MANET sera caduc si elle me prédécède.

2° *Majorité*.

Le legs en faveur de N... sera caduc s'il meurt avant d'avoir atteint sa majorité.

3° *Legs conditionnel*.

Le legs fait à N... sera caduc, si, dans les trois ans de mon décès, il n'est pas licencié en droit.

4° *Perte de la chose*.

Je lègue à N... mon trois-mâts *le Coureur*. Si avant mon décès, ou après sans le fait ni la faute de mes héritiers, ce navire périt par un naufrage ou autre accident, le legs sera caduc. Mais N... aura droit à l'indemnité d'assurance ou autre à laquelle cette perte pourra donner lieu, soit contre le débiteur, soit contre ma succession si elle a été versée.

Formule 29ᵉ

Exercice de l'action révocatoire

A défaut par M. MARCEL d'exécuter la condition qui lui est imposée, le legs à lui fait sera révoqué; mais à la charge par mon légataire universel, à qui cette révocation profitera, du service de la rente léguée à N...

---

(1) Troplong, 2194; Demolombe, XXII. 267; Cass., 29 mai 1832; Caen, 27 juin 1868; *Rép. Gén.* Defrénois, n° 412.
(2) Pau, 6 août 1861.
(3) Demolombe, XXII, 268; Cass., 19 mars 1855.
(4) Troplong, 2123; Demolombe XXII, 303.
(5) Troplong, 287; Demolombe, XXII, 315.
(6) Coin-Delisle, *1042*, 3; Demolombe, XXII, 342.

(7) Coin-Delisle, *1042*, 3; Demolombe, XXII, 343.

(8) Coin-Delisle, *1046*, 9; Troplong, 2460; Demolombe, XXII, 356; Cass., 22 juill. 1835, 11 avril 1838.

(9) Toullier, V, 679; Coin-Delisle, *1026*, 9; Demolombe, XXII, 357; Cass, 29 mai 1832, 22 août 1836, 3 mars 1857.

(10) Duranton, IX, 437; Coin-Delisle, *1046*, 11; Troplong, 421; Demolombe, XXII, 358; Pau, 24 juin 1862.

TABLE DES MATIÈRES

TRAITÉ

FORMULAIRE

ÉVREUX, A. HÉRISSEY, imp. — 772

www.ingramcontent.com/pod-product-compliance
Lightning Source LLC
Chambersburg PA
CBHW050520210326
41520CB00012B/2381